核心素养视角下的高中物理教学研究

高财远◎著

湘潭大学出版社
XIANGTAN UNIVERSITY PRESS

目 录

第一章　核心素养的理论基础

第一节　核心素养的概念界定

一、核心素养的定义

对核心素养的关注，意味着在当下教育变革的浪潮中，人才质量标准的重新定位。我国对核心素养的研究尚处于探索阶段，对国际上关于核心素养的研究进行探讨，有助于提升核心素养本土定义的适切性。

自1985年卡莫委员会（Karmal Committee）提出五大“关键能力”开始，澳大利亚就一直致力于核心素养体系的研制，在核心素养的内涵、构成、评价准则等方面的研究都取得了显著的成果。梅耶委员会（Mayer Committee）认为，关键能力是个人在学习、工作及生活环境中所需的能力，是对知识和技能的整合与应用，使个体未来能有效地参与工作以及适应成人生活的社会环境。据此，该委员会还提出了七大核心素养分支：收集、分析和整理信息的能力；交流思想和信息的能力；计划与组织活动的能力；与他人合作的能力；运用数学方法与数学技术的能力；解决问题的能力；使用技术手段的能力。21世纪初，经合组织的“素养的界定与遴选：理论和概念基础”项目（DeSeCo项目）研制的核心素养总体框架为世界各国建立本土化的核心素养体系提供了重要的参考。DeSeCo项目指出，核心素养是指覆盖多个生活领域的、促进成功的生活和健全的社会的重要素养。该项目通过多学科的整合，归纳出“能互动地使用工具”“能在异质社群中进行互动”“能自律自主地行动”三方面的核心素养。2006年，欧盟将核心素养的概念界定为：核心素养是一系列可移植的、具有多种功能的知识、技能和态度，是个体获得个人成就和自我发展、融入社会、胜任工作的必备素养，并且指出这些素养的培育应该在义务教育阶段完成，成为终身教育的基础。在此基础上，欧盟提出终身学习八大核心素养，包括使用母语交流、使用外语交流、数学素养和基本的科学技术素养、数字素养、学会学习、社会与公民素养、主动意识与创业精神、文化知识与文化表达。

梳理国外相关研究成果，发现对核心素养的思想基础、价值取向、具体内容的认识有共通之处，我们可以从以上三个维度来剖析核心素养的定义。维度一，学生核心素养培育的思想基础是“人的全面发展”，具体诠释学生经历教育后必须拥有怎样的基本素养和能力，成为怎样的人才。人的全面发展的当代内涵就是指提高人的综合素质和创新能力，这和核心素养的理念是一致的。核心素养是知识、技能和态度等的综合表现，不是囿于某单一学科的知识和技能，而是非情境化的，适用于不同学习领域、不同情境中。各国各地区核心素养体系中的指标大多可按照经济合作与发展组织的架构，划分为人与工具互动、人与自己互动、人与社会互动。再者，各个国家在核心素养体系建构中提到的创新素养的培养也是全面发展理论最核心的成分。维度二，核心素养的价值取向在于满足个人发展与社会发展的双重需要。在个人的自我实现与发展方面，核心素养必须为人们追求生活目标提供帮助，为实现个人兴趣及终身学习的愿望提供动力，有助于满足个人“优质生活”需求，获得个人成功的人生。同时，在社会发展方面，核心素养可以帮助每个人建立公民身份、行使公民权利、积极融入社会，支持个人在社会文化网络中，积极地回应情境的要求与挑战，保障社会的稳定和发展。因此，核心素养不仅可以营造成功的个人生活，还有助于建立功能健全的社会，达成“优质社会”的发展愿景。维度三，核心素养的内容包括知识、能力、态度等多方面。其含义比“知识”的意义更加宽广，并不指向某一学科知识，而是强调个体能够积极主动并且具备一定的方法获得知识和技能；其含义比“能力”的意义更加宽泛，既包括传统的教育领域的知识、能力，还包括学生的情感、态度、价值观。它是一系列知识、技能和态度的集合，以三维整合的方式呈现，有较强的综合性和实践性，如语言交往、信息处理、问题解决、社会合作、创新意识等素养，都是学生获得知识、习得能力、发展情感后相互融合的产物。总之，核心素养是个体适应未来社会需要、获得全面发展、提高生存能力的必备品格和关键能力，是满足终身学习的基本条件，是提升个体综合素质的重要保障。

二、核心素养的特点

学生核心素养模型的建构既要从个体成长发展的一般规律出发，也要符合教育教学活动实践的客观要求。同时，学生核心素养模型要反映新时期社会对人才的新要求，紧随全球化、信息化发展的大趋势，使学生适应未来社会生活，拥有终身学习的能力。虽然不同国家和地区基于自己的教育实践建构的核心素养框架有所差异，但是最后筛选出的核心素养都呈现出一些共同的特点。

（一）普遍性

核心素养的普遍性表现在它是不同学习领域、不同情境中都不可或缺的共同底线要求。一方面，核心素养不同于素养。素养是在个体与情境的有效互动中生成的，这些情境包括家庭、职场、社区及其他公共领域等。素养不应该脱离特定的情境，不同的情境所要求的素养也有所不同，抽象地谈论素养是没有太大价值的。核心素养不是只适用于特定情境或特定人群的特殊素养，而是适用于一切情境和所有人的普遍素养。另一方面，核心素养是一种跨学科素养，它强调各学科都可以发展的、对学生最有用的东西，并不指向某一学科知识，不针对具体领域的具体问题，而是强调个体能够积极主动并且具备一定的方法获得知识和技能，从人的成长发展与适应未来社会的角度出发，跨学科跨情境地规定了对每一个人都具有重要意义的素养。例如，审美素养不仅仅是音乐、美术课程需要帮助学生养成的素养，语文课程同样需要对学生进行文学美的浸润，培养其感知美、欣赏美、评价美的意识和基本能力。随着知识时代的开启，知识的增加到了令人目不暇接、耳不暇闻、思所不及的程度。在这样的时代,任何个人都不可能把所有的知识都学懂、都弄通,这就需要学生养成学会学习的核心素养,以适应科学技术日新月异的发展。通过努力学习提高自身的言语信息技能、态度技能、动作技能、智慧技能和认知技能,掌握符合自身特点的一整套科学学习方法体系,从而使自己掌握主动学习、终身学习、全面发展和持续发展的能力,这是每个学科课程共同的价值追求,体现了素养要求的普遍性。

(二)系统性

核心素养具有系统性,各指标因素之间相辅相成、相依相促。从纵向来看,素养的生成是从生理到心理,再到文化和思想四个不同的、纵向发展的层面,这四个层面中,前者是后者的基础。"基础"包含两层含义:一是发生上前者对后者存在一种逻辑在先的意义;二是在内容上后者以萌生的形式存在于前者之中。这决定了核心素养的习得与养成必须具有整体性、综合性和系统性。从横向来看,核心素养各因素并非单独存在,而是呈现可交互作用、相互渗透、彼此互动的动态发展,甚至是相互依赖,可以部分重叠交织,这彰显了"素养"的本质,更彰显了多元面向、多元功能、多元场域、高阶复杂、长期培育等核心素养的特质。核心素养以整合的方式在实践中发挥作用。例如,反思能力的养成有利于学生对自己的决策、行为、方法以及由此产生的结果进行审视、分析、调整。自我认知素养是主观自我对客观自我合理认识与评价的意识与能力,包括对自己的身心特征、优缺点、心理活动的认识,清晰认识到自己在集体和社会中的地位及作用,在此基础上对自己作出合理评价判断。反思能力和自我认知素养的养成与发展是相辅相成、相互促进的,这体现了核心素养之间的系统性。因而,以核心素养引领课程改革,可在纵向上促进不同教育阶段课程的连贯性,也可在横向上促进不同领域课程发展的统整性,在提升教师课程设计与教学实施的效能的同时激发学生的学习效能。

（三）生长性

核心素养的动态性表现在其是可教可学、动态发展的。学生核心素养的获得是一个循序渐进、不断深化的过程，它可以通过外在刺激，如通过有意的教育进行规划、设计与培养。当学生踏入社会，核心素养是个人通过积极主动与真实情境展开互动而不断延伸、拓展和生长的开放体系，随着社会经验的丰富、个体发展需求的增加，素养的内涵会得到丰富和完善。例如：核心素养体系中涉及的沟通交流能力就呈现出明显的生长性，学生在进入学校之前就具有一定的表达能力，经过学校课程、活动的系统性训练，学生习得较为标准化、系统化的表达方式与沟通技巧，搭建起一套适用于学校、家庭环境的交流沟通能力体系。当学生进入社会以后，社交网络扩大，面对形形色色的人，适用于学校、家庭的沟通交流方式显得匮乏，在实践的打磨中，个人的沟通交流方式和技巧越发丰富和完善，逐渐形成更加纯熟、多元、完善的沟通交流能力体系。由此可见，核心素养是可教可学的，具有发展连续性。同时，核心素养是通过外显行为表现出来的，体现为行为意向、行为技能水平等。尽管核心素养是动态发展的，仍可以根据相关理论开发相应的工具对其进行测评。例如，学生对社会责任这一核心素养的认识是随着人生经历的丰富、知识结构的完善而逐渐丰满起来的。低年级的学生或许只能认识到社会责任范畴中自己对家庭的责任，主动承担力所能及的家务，做家庭的小主人。随着认识角度和认知方式的不断丰富，学生能够形成更加深刻的对社会责任的全面理解，认识到自己与他人（家庭）、集体、社会、自然等方面的关系中应有的职责、任务和使命，意识到自己对社会的责任，即将自己的存在与更大范围内的社会进步联系在一起。

（四）统整性

核心素养的统整性表现在两方面：一方面，核心素养是知识、能力、态度、价值观和情绪的集合体。这一超越知识和技能的内涵，可以矫正过去重知识、轻能力、忽略情感态度价值观的教育偏失,更加完善和系统地反映教育目标和素质教育理念。另一方面,核心素养统整了个人和社会的需求。核心素养的价值追求在于促进个人发展和形成良好的社会。一是使学生能够发展成为更为健全的个体,能够更好地适应未来社会的发展变化,并为终身学习、终身发展打下良好的基础。二是促进社会良好运行。由此统整个人和社会两方面的目标与追求。例如,就合作参与素养来说,人类面临问题的复杂化、社会分工的精细化都决定了合作参与的重要性。全球变暖、臭氧空洞、水污染等一系列问题都需要人类共同面对。合作已经成为社会发展的重要途径。面对激烈的竞争,个人想取得成功也离不开与他人的合作,因此合作参与素养的养成是个人发展的内在需求。由此可见,合作参与素养统整了社会发展的需求和个人发展的需求。

三、核心素养的维度

综合国内外既有研究成果,笔者将核心素养划分为三个维度,即人与工具、人与自我以及人与社会。其中,人与工具包括语言运用、信息收集与处理两个向度,人与自我包括自我理解、反思能力、创新精神与实践能力四个向度,人与社会包括合作参与、社会责任和国际理解三个向度。

(一)人与工具

人与工具维度指的是个人能够运用语言、符号、信息技术等进行有效互动的核心素养。工具的恰当运用是人们改造世界的基础,在科学技术迅猛发展的今天,如何有效地利用我们所掌握的工具与技术,是处理好社会发展过程中矛盾的关键。通过分析发现,语言运用和信息收集与处理是人与工具核心素养中的两个关键点。

1.语言运用

语言运用素养是指交际者在掌握了一种语音、词汇和语法等基本知识和基本规则的前提下,能在特定的语言环境中按照一定规则准确、得体地使用语言进行交流、理解与创造性地表达。合理有效地运用语言,是个体在社会中存在并发展的前提。个体只有掌握了基本的语言知识、技巧与能力，才能够有效地生存于社会之中。语言运用素养主要包括母语语言运用和外语语言运用两个层面。

2. 信息收集与处理

信息收集与处理素养是指人们在信息社会中运用现代信息技术获取、利用、开发、评价和传播信息的修养与能力。21世纪是信息时代，高效地获取信息并充分地开发和利用信息是人们成功立足于社会的重要能力。信息收集与处理素养包括信息意识、信息知识、信息能力、信息道德四个层面。

（二）人与自我

人与自我维度指的是具有社会性的个人，应该能够明晰自己的能力与目标，了解自己的权利和义务，以为自身更好地适应现代生活奠定基础。在现代社会发展中，人只有认清自己，才能够更好地生存与发展。人与自我维度主要包括自我理解、反思能力、创新精神以及实践能力四个层面的内容。

1. 自我理解

自我理解素养是指个体对有关自己的思想和态度认知的概念系统，是对行为、感觉、思想等相关信念、态度的一定水平的意识或知识。人只有充分了解了自身的社会性存在，才能够更好地生存与发展。自我理解素养包括生理自我理解、心理自我理解与社会自我理解三个层面。

2. 反思能力

反思能力素养指的是拥有自我反思的情感和意志力，对个体所见、所闻、所经历的事情具有批判性和探究性思考的能力，是反思活动能够顺利展开的心理素质特征的综合体。在社会发展过程中，反思能力扮演着日益重要的角色。人只有能够对自己的知识、行为做出恰当的反省与思考，才能够取得人生的进步。反思能力素养主要包括自我意识、批判性、探究性、意志力、自我评估几个层面。

3. 创新精神

创新精神是指个体在从事创新活动过程中所表现出来的智识和品质，是一种较为稳定的、积极的心理倾向，是一种勇于对旧思想和旧事物进行质疑、创造新思想和新事物的精神。创新是一个民族进步的灵魂，是一个国家兴旺发达的不竭动力。在科技迅速发展、全球化日益深化的今天，创新精神扮演着越来越重要的角色。创新精神包含创新意识和创新品质两个层面。

4. 实践能力

实践能力素养是指学生运用知识、技能顺利解决实际问题时具备的生理特征和心理特征的综合。实践能力包括知识、技能以及必要的心理品质，它是不同品质的综合体。在人的发展过程中，人所习得的各种知识，最终都要付诸实践，实践是检验真理的唯一标准。实践能力可划分为知识型实践能力和操作型实践能力两个层面。

（三）人与社会

人与社会维度指的是人在社会生活当中为适应现代社会环境所表现出来的基本能力。人是社会性动物，人只有存在于社会生活场域之中才能够称其为“人”。人与社会维度包括合作参与、社会责任和国际理解三个层面的内容。

1. 合作参与

合作参与素养是指学生在学习、生活或社会关系中，为追求共同的目标，为确保任务的顺利完成，以一种协调的方式一起行动而表现出来的个人态度、技能和品质的总和。现今的社会是一个合作型社会，人们要养成合作参与的意识，培养合作参与的技能，以便能够在合作型社会当中得到更好的发展。合作参与素养包括合作参与意识、合作参与技能、合作参与品质三个层面。

2. 社会责任

社会责任素养是指学生自觉承担与他人（家庭）、集体、社会、自然等方面的关系中应有的职责、任务和使命的情感态度和行为表现。其核心是学生认识到自己对社会的发展，乃至人类发展所应承担的责任。作为现代人，应该有必要的社会责任担当，履行相应的义务，做一个对社会发展有意义的人。社会责任素养包括诚信友善、勇于担当、法治意识、生态意识四个层面。

3.国际理解

国际理解素养是指理解与欣赏本国及世界各地的历史文化，营造多元文化共存、和平安定的人类生活环境的一种世界观。其主要表现是个体对于国际动态、多元文化、人类共同命运等方面的关切和认知。

四、核心素养的价值

（一）适应社会诉求与技术发展

教育通过培养人才不断推动科技更新和社会发展，同时，社会的发展与进步也会促使教育变革。因此，教育决策要符合社会需求，体现时代发展对人才培养的要求。现代社会是文化共荣、科技发达、提倡交流与合作的时代，核心素养体系中涉及的外语交流、符号运用与沟通表达、文化认同与国际化、团队合作与工作能力、科学技术素养、信息素养等都反映出知识经济时代的发展动态，体现出对人才培养的新要求。我国核心素养的提出正是充分结合时代特色，聚焦人才培养的创新模式，使得学生在创新精神、实践能力、社会责任感等方面，都能显著地提升。

（二）关注终身学习和全面发展

联合国教科文组织、经济合作与发展组织、欧盟，以及美国、加拿大、澳大利亚、新西兰、德国核心素养体系的提出和建构都离不开一个鲜明的主题，就是培养学生的终身学习能力。现代社会知识更新速度越来越快，学生只有拥有终身学习的能力，才不会被时代抛弃。终身学习要求学习者能够依据个人学习需求、能力与具体情况，自定学习进度、选择学习方式并进行自我导向的学习，强调学习的终身持续性、方式的多样性和学习的自主性。核心素养体系中的信息素养、阅读能力、独立学习能力、主动探究、自我反思等都体现了终身学习。人的全面发展是指提高人的综合素质和创新能力，这和核心素养的理念是一致的。国际组织及世界各国对核心素养的遴选，不是局限于某单一学科的知识和技能，而是涉及学生全面发展所需要的知识、技能、态度和价值观等方面。

(三)促进自我认同和自主行动

自我认同和自主行动是指帮助学生建立明确的自我概念，以及促使他们把自身的需要和愿望转化为有目的的行动。一方面，个人首先需要建立自我认同并赋予生命以意义，合理清晰地认识自己、悦纳自己，明确自身的优劣势，从而发挥优势、规避劣势，明确发展方向。另一方面，在确认发展方向之后，自主行动也尤为重要。在这一价值层面上，核心素养的功能性指向明显，就是帮助学生解决问题，领会学习窍门，增强实践能力，发扬创新精神，以不变应万变，主动积极地应对挑战。

(四)重视生活品质与生存质量

核心素养立足于适应现在及未来社会发展的需要，如同高楼大厦的坚实根基，其稳固性决定了楼房的高度与坚韧度。核心素养的培育对人的终身发展具有至关重要的奠基与导向作用，关乎个体的生活品质和生存质量。核心素养除了满足个体立足社会、生存发展的必备能力需求之外，还涵盖学生的个人品质、文化素养和精神境界，影响着他们与社会、自然的相处和互动方式，也决定着他们日常生活的品位和品质，为个人追求其生活目标提供支持，真正体现着以人为本的教育思想。除此之外，核心素养还能帮助个人提升公民意识，促进个人与社会环境自主互动，拥有成就感和愉悦感。因此，核心素养不仅能够满足个人包括学习、工作、生活在内的各个领域的重要需求，而且使个人与他人建立起亲密的关系，更好地理解他人和自身所处的世界，与社会展开良性互动，从而拥有美好的生活。

第二节　物理核心素养的含义

物理学科核心素养是学生在接受物理教育过程中逐步形成的适应个人终身发展和社会发展需要的正确价值观念、必备品格和关键能力，是学生通过物理学习内化的带有物理学科特征的品质。

物理学科核心素养由物理观念、科学思维、科学探究、科学态度与责任四个方面组成。在这四个方面中，物理观念是基础素养，科学思维和科学探究是关键能力，科学态度与责任是必备品格。

一、物理观念

物理观念是从物理学视角形成的关于物质、运动与相互作用、能量等的基本认识，是物理概念和规律在头脑中的提炼与升华，是从物理学视角解释自然现象和解决实际问题的基础。物理观念包括物质观念、运动观念、相互作用观念、能量观念等要素。

在高中阶段，学生通过学习力学、热学、电磁学、光学、原子物理、相对论和量子论等基础知识，应初步知道物质的组成、物质的运动形式、物质间的作用规律、自然界能量的主要形式和转化规律，从而形成物质观念、运动观念、相互作用观念、能量观念，能用这些观念描述自然界的图景，从物理学的视角解释相关的自然现象和解决相关的实际问题。

二、科学思维

科学思维是从物理学视角对客观事物的本质属性、内在规律及相互关系的认识方式，是基于经验事实建构理想模型的抽象与概括过程，是分析综合、推理论证等方法在科学领域的具体运用，是基于事实证据和科学推理对不同观点和结论提出质疑和批判，进行检验和修正，进而提出创造性见解的能力与品质。科学思维主要包括模型建构、科学推理、科学论证、质疑创新等要素。

从心理学看，思维是人对客观事物的间接反映，它反映出客观事物的一般性和规律性的联系。思维可分为抽象思维、形象思维、直觉思维三种。抽象思维是以科学概念、科学原理为素材,以科学判断、逻辑推理等形式,认识客观事物的本质特征和内在联系。形象思维是以直观形象、事物表象为素材,对事物表象进行感受、想象、判断,认识客观事物本质特征。直觉思维是以科学概念、事物表象为素材,运用已有的知识、表象、经验,不经逻辑推理迅速对客观事物作出猜想、判断或者感悟的认识过程。直觉思维是一种心理现象,在创造性思维活动中往往起着关键性的作用。

思维方法包括分析与综合、抽象与概括、分类与比较、归纳与演绎、具体化与系统化。其中,分析与综合是最基本的思维方法。

物理学是一门崇尚理性、注重逻辑推理的理论科学。通过物理学科的学习,学生应理解、感悟、内化物理学科的科学思维,能正确运用科学思维方法,从定性和定量两个方面进行科学推理、找出规律、形成结论;具有使用科学证据的意识和评估科学证据的能力,能运用证据对研究的问题进行描述、解释和预测;具有批判性思维,能基于证据大胆质疑,从不同角度思考问题,实现创新。

三、科学探究

科学探究是指基于观察和实验提出物理问题,形成猜想和假设,设计实验与制订方案,获取和处理信息,基于证据得出结论并做出解释,以及对实验探究过程和结果进行交流、评估、反思的能力。科学探究主要包括提出问题、证据解释、交流等要素。

科学探究能力是一种综合能力。探究一个物理问题时,不仅要综合运用分析与综合、抽象与概括、分类与比较、归纳与演绎、具体化与系统化等科学思维方法,还要求探究者具有较强的思维能力、实践能力、组织能力、表达能力、想象能力和创新能力。

培养学生的探究能力是物理教师的一项重要任务。学生通过物理学科的学习,应具有科学探究意识,能在学习和日常生活中发现问题,提出合理的猜测与假设;具有设计实验探究方案和获取证据的能力,能正确实施实验探究方案，使用各种科技手段和方法收集信息；具有分析论证的能力，会使用各种方法和手段分析、处理信息，描述、解释实验结果和变化趋势；具有合作与交流的意愿与能力，能准确表述、评估和反思实验探究过程与结果。

四、科学态度与责任

科学态度与责任是指在认识科学本质，认识科学、技术、社会、环境关系的基础上，逐渐形成的探索自然的内在动力，严谨认真、实事求是和持之以恒的科学态度，以及遵守道德规范、保护环境并推动可持续发展的责任感。科学态度与责任主要包括科学本质、科学态度、社会责任等要素。

通过物理学科的学习，学生应能对科学知识、科学研究、科学方法、科学精神、科学历史、科学价值具有正确的认识；具有学习和研究物理的好奇心与求知欲，能主动与他人合作，尊重他人，能基于证据和逻辑发表自己的见解，实事求是，追求创新，不迷信权威；关心国内外科技发展现状与趋势，了解物理研究和物理成果的应用；遵循社会道德规范，认识科学、技术、社会、环境的关系，具有热爱自然、保护环境、节约资源、促进可持续发展的责任感。

第三节　高中物理教学目标

一、高中物理课程目标

（一）课程总目标

①学习终身发展必备的物理基础知识和技能，了解这些知识与技能在生活、生产中的应用，关注科学技术的现状及发展趋势。

②学习科学探究方法，发展自主学习能力，养成良好的思维习惯，能运用物理知识和科学研究方法解决一些问题。

③发展好奇心与求知欲，发展科学探索兴趣，有坚持真理、勇于创新、实事求是的科学态度与科学精神，有将科学服务于人类的社会责任感。

④了解科学与技术、经济和社会的互动作用，认识人与自然、社会的关系，有可持续发展意识和全球观念。

（二）课程具体目标

知识与技能：①学习物理学的基础知识，了解物质结构、相互作用和运动的一些基本概念和规律，了解物理学的基本观点和思想。②认识实验在物理学中的地位和作用，掌握物理实验的一些基本技能，会使用基本的实验仪器，能独立完成一些物理实验。③初步了解物理学的发展历程，关注科学技术的主要成就和发展趋势，以及物理学对经济、社会发展的影响。④关注物理学与其他学科之间的联系，知道一些与物理学相关的应用领域，能尝试运用有关的物理知识和技能解释一些自然现象和生活中的问题。

过程与方法：①经历科学探究过程，认识科学探究的意义，尝试应用科学探究的方法研究物理问题，验证物理规律。②通过物理概念和规律的学习过程，了解物理学的研究方法，认识物理实验、物理模型和数学工具在物理学发展过程中的作用。③能计划并调控自己的学习过程，通过自己的努力能解决学习中遇到的一些物理问题，有一定的自主学习能力。④参加一些科学实践活动，尝试经过思考发表自己的见解，尝试运用物理原理和研究方法解决一些与生产和生活相关的实际问题。⑤具有一定的质疑能力、信息收集和处理的能力、分析与解决问题的能力、交流与合作能力。

情感态度与价值观：①能领略自然界的奇妙与和谐自然的魅力，发展对科学的好奇心与求知欲，乐于探究自然界的奥秘，能体验探索自然规律的艰辛与喜悦。②有参与科技活动的热情，有将物理知识应用于生活和生产实践的意识，勇于探究与日常生活有关的物理学问题。③具有敢于坚持真理、勇于创新和实事求是的科学态度和科学精神，具有判断有关信息是否科学的意识。④有主动与他人合作的精神，有将自己的见解与他人交流的愿望,敢于坚持正确观点,勇于修正错误,具有团队精神。⑤了解并体会物理学对经济、社会发展的贡献,关注并思考与物理学相关的热点问题,有可持续发展的意识,能在力所能及的范围内为社会的可持续发展作出贡献。⑥关心国内外科技发展现状与趋势,有振兴中华的使命感与责任感,有将科学服务于人类的意识。

二、物理课堂教学目标

(一)物理课堂教学目标的内涵

课堂教学目标是整个教学目标中最基础的目标,相比于其他教学目标,也是最具体的。教师在实施课堂教学活动和评价教学效果时,一般也是以课堂教学目标作为重要的依据。物理课堂教学目标主要是对物理课堂教学过程进行详细而具体的描述,并预期学生在教学过程中可能发生的外显的学习行为过程、学习结果以及学生在学习变化中的心理过程。一般情况下,物理课堂教学目标就是根据新课程标准要求,在课堂教学设计中由教师制订的学生通过学习应该达到的基本要求。比如,在牛顿第一定律的教学中,教师预期教学后达到的目标包括理解什么是牛顿第一定律、理想实验的方法模型以及培养的思维能力和情感态度与价值观等。

(二)物理课堂教学目标设计的依据

课堂教学目标直接指导一堂课的教学活动,关乎教学任务的完成以及单元目标和课程目标的实现。因此,课堂教学目标的设计需遵循相应的依据和原则。物理课堂教学目标设计的依据主要是物理课程标准、教材、学情等。教师在设计课堂教学目标时,还应该将适应时代发展的核心素养目标体系作为理论依据。

(三)物理课堂教学目标设计的原则

物理课堂教学目标的设计,应遵循系统性原则、可操作性原则、适度性原则、生成性原则等。

具体来说，系统性原则就是教师进行教学目标设计时，要依据系统论的有序原理，坚持从物理课程目标到物理单元目标再到物理课堂教学目标，层层连贯、逐渐具体。另外，物理课堂教学目标设计要从整体出发，既考虑物理课程标准、物理教材及教学内容、学情、教学外部环境，也要结合教师自身能力、教学风格等。教学目标设计不仅要注重知识与技能，还要统筹学生对于知识的探索过程、情感态度以及责任意识等，促进学生的全面发展。可操作性原则就是物理课堂教学目标应对物理课堂教学起实践指导作用，因此物理课堂教学目标要明确而具体，不能流于形式。此外，教师在设计教学目标时要坚持课堂的生成性原则，要对教学目标设计进行弹性的预设。当师生活动明显脱离教学目标时，教师应当灵活巧妙地将教学内容、教学目标与课堂生成性现象结合起来，引导学生进一步探究，充分激发学生的学习积极性。与此同时，物理教师在发挥主导作用时，也要充分尊重学生学习的主体地位，坚持“以学生为本”的教育理念。教学目标的设计要面向全体学生，因材施教，对不同的学生提出不同的发展目标，以保证学生的个性得到充分的发展。

三、核心素养导向下的高中物理课堂教学目标分析

（一）三维目标与核心素养之间的关系

1.继承关系

三维目标与核心素养具有一些共同点，主要体现在以下四个方面：

第一，在内容上，二者都强调学生对于基础知识和基本技能的掌握，注重对文化的学习与继承。例如，《中国学生发展核心素养》中提出的人文底蕴的核心素养为：具有古今中外人文领域基本知识和成果的积累，能理解和尊重文化艺术的多样性等。此外，二者都注重培养学生的人文素养，倡导探究精神、合作精神，要求学生掌握学习的方法，形成良好的学习习惯。这些都是核心素养与三维目标共同的部分，只是二者对于这些内容的要求在深度和广度上有所不同，核心素养比三维目标的要求更加细致、具体与深刻。

第二，在实现方式上，核心素养与三维目标都注重实践，强调学生学习与社会生活和时代发展的联系，提倡学生在生活实践中做到学以致用。核心素养教育理念强调社会的育人作用，加强教育教学与社会生活的联系，在社会实践中促进学生的成长。

第三，在评价理念上，三维目标与核心素养有相似之处，都突出教学评价对学生的发展作用，强调教育评价的激励作用，弱化其选拔与筛选功能，这些都是值得借鉴与发展的。

第四，在学生观上，核心素养与三维目标都注重学生的主动性与主体性的发挥。这一点在课堂教学中得到了较为充分的体现，许多教师能够意识到学生是学习的主体，注重充分调动学生的主动性。

基础教育课程改革是一个“破”与“立”的过程，但也存在着继承关系。核心素养在许多方面都继承了三维目标的优秀成分，这些共有的教育理念，既是对上一次教育改革的肯定，又是此次教育改革的基础，相关教育工作者应给予充分的重视，积极地落实。

2. 批判关系

基础教育改革的动因是复杂的，原因之一就是旧的教育理念在实践过程中存在的问题。三维目标在落实过程中存在着文本分析不充分、教学目标设计模式化、三维之间界线模糊以及三维理解偏差等问题。针对这些问题，《中国学生发展核心素养》对学生的发展要求做了更科学的规定。例如，三维目标将高中物理教学目标严格地细分成“知识与能力”“过程与方法”“情感态度与价值观”三个部分，而核心素养打破了三维目标的三个维度，这样就避免了教学目标设计模式化的问题。又如，三维目标的培养要求较为零散，没有形成一个完整的系统，而核心素养分别从文化基础、自主发展、社会参与三个方面入手，明确了学生应该具备的四大素养，既明确又系统。

3. 发展关系

除了继承与批判关系之外，二者还存在着发展关系，核心素养提出了许多三维目标中没有的教育理念。例如，三维目标强调在物理学习过程中，培养良好的实验操作能力、质疑精神，而核心素养扩展并深化了相关内容，提出要让学生具有发展精神，能够根据自身所具备的物理能力去解决现实生活中遇到的问题，树立利用科学改变生活的信心。同时，也提出了培养学生国际理解的核心素养，这是三维目标中所没有的。因此，核心素养从深度和广度两个维度发展了三维目标的教育理念。此外，二者的针对性也有所不同，三维目标教育理念主要是针对"双基"教育理念的弊端提出来的，侧重于人文性与工具性的统一，因此它的落脚点还是基础知识、基本技能的学习，而核心素养是为了人的发展，落脚点在于学生，这也是核心素养对三维目标的发展。核心素养是对三维目标的发展与超越，实现了知识导向向学习导向的转变。

（二）高中物理课堂教学目标的发展

1.从知识到素养

三维目标主要是从学科知识的学习角度对高中物理教学目标做出规范，核心素养下的高中物理教学目标则摆脱了这一束缚，从素养入手来培养学生。因此，教学从以知识为中心转向了以学生的素养为中心。高中物理教师的首要任务在于育人，次要任务才是物理学科教学。物理学科知识是根据培养目标以及学生的身心发展规律，从科学文化中选择适合学生发展水平与身心发展规律的知识所组成的。无论是在"双基"教育理念的指导下，还是在三维目标教育理念的指导下，我国物理教学目标的重点都在于物理学科知识，只不过三维目标（知识与能力、过程与方法、情感态度与价值观）比"双基"（基础知识和基本技能）的要求更高且内涵更丰富。从某种程度上来说，"双基"以及三维目标教育理念仅仅体现了核心素养教育理念中的文化基础层面对学生发展做出的要求。核心素养教育理念从学生现在及未来的发展需要出发，从文化基础、自主发展以及社会参与三个层面对人才培养做出了要求。由此可以看出，核心素养对人才的培养是有层次的、循序渐进的，主要体现在以下三个方面。首先，以文化知识作为个体发展的基石，基础知识与基本技能是学生现在及未来发展必不可少的核心素养之一；其次，在一定文化基础的积累上强调学生的自主发展，让学生学会学习、健康生活；最后，在充分地自我锻炼之后，引导学生实现更高层次的目标——社会参与，实现个体的社会化以及社会的个性化。自主发展与社会参与是核心素养的新突破，充分体现了新时代对教育所提出的要求。物理教学目标除了向学生传播文化知识与基本的物理学科技能之外，更需要突出强调的是，让学生掌握物理学习的方法，培养他们物理学习的能力，指导他们体悟生活、规划生活、实现自我，让他们将形成的物理素养、物理技能运用到社会实践中去，为社会发展做贡献。

可以明确的是，核心素养是对三维目标教育理念的发展，二者并不是对立的，应该处理好学科知识教学与核心素养培养之间的关系。核心素养的培养并不是哪一门学科教学就能够实现的，而是要在多门学科中进行培养。因此，核心素养教育理念是消除学科隔阂的关键所在。核心素养教育理念沟通、联合了各学科，同时依赖学科教学才能实现。教师的教育教学理念也要进行积极的转变，从传道授业解惑者转变为育人者，从重视知识教学与传授转向重视学生核心素养的培养，转向育人。

2. 未来性及社会性

法国的保罗·朗格朗在《终身教育引论》中提出了终身教育思想，认为人应当持续一生地接受教育，从而达到自我实现的目的。核心素养教育理念所提出的教育的终身性与保罗·朗格朗提出的终身教育思想有所不同。保罗·朗格朗的终身教育思想认为教育是一个连续的过程，强调的是学习在时间上的持续性，可谓“活到老，学到老”。核心素养教育理念提出的教育的终身性强调当前的教育对于学生当前及以后人生的重要作用。更确切地说，核心素养强调的是教育的未来性，这也是三维目标中所没有的教育理念。在核心素养的指导下，物理教学目标也应致力于学生未来生存和发展的需要，有很强的未来性。此外，不同于三维目标指导下的物理教学目标对基础知识和基本技能的简单要求，核心素养指导下的物理教学目标更加注重学生人文精神的发展，引导学生正确认识自我、对待自我，培养学生的审美情趣，教会他们欣赏生活、品味生活，使其树立正确的世界观与价值观，从而能够适应社会且促进社会发展。核心素养教育理念下的物理教学目标具有社会性，主要体现在物理教学目标内容的社会性以及物理教学目标实现途径的社会性两个方面，而这也体现了三维目标到核心素养教育理念下物理教学目标的发展。

通过以上分析可以看出，从三维目标到核心素养教育理念，物理教学目标的维度由三维到多维，由注重学科知识的教学转向注重核心素养的培养，同时更加强调物理教学的未来性与社会性，这些都是我国物理教学的新发展与新突破。

（三）核心素养导向下的高中物理课堂教学目标设计

1. 依据课程标准初步设计教学目标

教师在实施教学时要以课程标准为重要参考依据，首先要依据课程标准来进行课堂教学目标设计。2017年版的高中物理课程标准不仅规定了课程总目标以及各阶段应达到的分目标，还针对如何落实课程目标提出了教学、评价和课程资源开发等建议。因此，教师在设计教学目标时首先要读懂课程标准，尤其是内容标准，并对其内容标准进行分解，以此设计教学目标，使课程标准要求具体化、教学目标行为化，同时使分解以后的目标更具有实际的操作性，并为后续的评价提供切实可行的标准。具体的操作步骤如下：

（1）锁定内容标准

课程标准中包含了内容标准，依据课程标准设计教学目标，必须以内容标准为蓝本。锁定内容标准，首先要根据知识网络图来确定本节课所属单元，然后依据内容标准中的“课程目标—单元目标—课堂教学目标”的流程进行转化。

（2）分析内容标准的学习内容

顾名思义，就是要分析内容标准中的重点名词，包括物理概念、物理规律甚至是重点的探究过程以及学生需要达到的素养和情感。

(3)分析内容标准中的行为动词

找寻内容标准中的行为动词,并掌握其具体的含义,包括行为动词在教学目标分类领域中的层次、学习领域以及具体的解释等。

(4)将学习内容和行为动词组合构成教学目标

一般而言,教学目标都是由名词和动词构成的,通过上述的两步,将学习内容和行为动词组合,以此完成教学目标的初步设计。

2.依据教材和学情初步设计教学目标

教材是教师进行教学目标设计时重要的参考资料,而学生是完成教学目标的主要对象,也是一切教学活动的主体,因此教学目标设计时,既要考虑教材内容,也要注重了解学生的情况。

(1)依据教材内容初步设计教学目标

一般认为,教材内容是学科知识的载体,因此依据教材来设计教学目标尤其重要。这里的教材不仅包括教科书,还包括相应的教辅资料。教师在分析教材时,不仅要研究对应的教科书,还要关注课外的材料,要适当地展开教材内容。通过分析例题和习题,能更好地把握教材内容的类型、难易度、功能等,读懂解题的思路和方法。同时,教师还要对教材内容进行适当的展开分析,以帮助自己了解知识要点,理清内容的先后顺序,明确教材的内容安排和编写思路,从而更好地领会编者的意图。

教师在基于教材内容初步设计教学目标时要遵循以下三点:

第一,仔细解读教材。教师应根据教学的需要仔细研读教材,从而设计教学目标。一方面,教师要对教材内容进行整合和筛选,这样有利于教学目标的实现;另一方面,教师在解读教材时还要考虑知识的整体性和逻辑的连贯性。物理学科知识相互联系,只有了解了知识的内在逻辑和联系,才能正确地定位和处理教材内容。

第二,适当展开教材内容。教材内容只是教学目标设计中的一个参考因素,教师设计教学目标时不能仅仅针对教材内容,还要在教材内容的基础上不断地丰富和完善。为此,教师要关注生活中比较好的感性材料,如有趣的现象、生活中的现实问题等，以此来扩充教材内容。另外，要充分利用好教材中的例题、习题和课后实验，从而丰富和完善教学素材。

第三，对教学目标进行完善。结合课程标准对教学目标进行初步设计后，由于其比较笼统，不够详细，导致在实施过程中依然缺乏具体的指导意义。因此，还要对教学目标做进一步的完善。

(2)依据学情初步设计教学目标

教育的最终目的是促进学生的发展，所以教学目标的设计还需考虑学生的身心发展情况。进行学情分析，首先要了解学生已有的认知发展水平，包括学生的学习准备情况，并思考学生在此基础上通过学习能达到的预期结果。由于物理知识之间有着很强的连续性和层次性，因此教师要了解学生已经掌握的物理知识，避免出现知识断层的现象。另外，教师还要考虑学生的心理特点，如学生在不同阶段的认知特点、生活经验、兴趣爱好等各方面的差异。不同的学生具有不同的学习风格，对物理教学目标的设计也会产生影响。对于学情的分析，要从整体和个体两个角度进行。从整体上分析学生共有的特征，根据整体的特点，教师可大概地确定课堂教学目标的基本内容。就个体而言，要分析学生之间的差异，并在整体的基础上进一步优化，增加教学目标的选择性，真正地做到让每一个学生都能充分发展。

综上所述，教师基于学情来初步设计教学目标时要遵循以下三点要求：

第一，分析学生的已有认知和后续认知。学生不是空着脑袋进入课堂学习的，因此要充分地考虑学生已有的认知水平，设置合适的教学内容和难度，同时要考虑学生通过学习后所能达到的预期的教学效果，以及对于今后学习的影响与作用，从而找到最适合学生的“最近发展区”。

第二，考虑学生的个别差异。由于不同学生的生活经验、学习能力和学习风格都不一样，因此教师在设计教学目标时要因材施教，调动学生的学习兴趣。比如，高一和高二的学生在思维上存在一定的差异，相比之下，高二学生的抽象思维更加活跃，具备一定的思维深度。教师应该结合教学经验和课堂观察，敏锐地捕捉相关信息，尽量取学生之长，补学生之短。

第三，兼顾学生群体的整体性和个体的差异性。学生处于同一年龄阶段和同一班级中，在很多方面存在共性，教师要考虑整个学生群体共有的认知特点，以此初步规划教学内容和教学可能存在的难点。另外，也要发挥学生各自的特长，同中求异。

第四节　核心素养导向下的高中物理教学

一、核心素养导向下的物理教学思考

（一）重视物理实验课程

物理具有较强的实践性，学生需要将对生活和世界的观察与物理教科书中的知识进行结合，以更好地理解物理的相关知识。学生普遍具有好奇心，观察能力强，教师应充分利用学生的这一特点，提高学生的物理学习效率。物理教师可以在物理教学中引入一些简单易操作的物理实验，以此来吸引学生的注意力。开设物理实验课程，既有利于加深学生对物理知识的理解，又有利于培养学生动手操作的实践技能。

（二）培养学生团结协作的精神

心理学研究表明，学生的认知能力存在较大的差异，实现团队的团结与协作，有利于提高教学效果。例如，在学习“受力分析”时，教师可以先提出问题：铅球被扔出后会受到哪些作用力？部分学生对作用力的概念较为模糊，教师可以引导学生分小组对提出的问题展开讨论，分析使铅球受力的每一个施力物体。学生可以借助小组讨论进行知识的互动与交流，既有利于加深学生对物体受力分析相关知识的印象，又有利于提升学生解决物

体受力分析问题的能力;既有利于提高学生的物理思辨表达能力,又有利于培养学生的物理核心素养。

(三)充分发挥教师的力量

物理教师是学生学习物理知识的引导者。为了更好地发挥导向作用,物理教师应提高自身的物理核心素养。在物理教学过程中,物理教师的导向作用不仅体现在物理知识教学上,还体现在帮助学生形成正确的价值观念等方面。物理课堂教学应以学生为教学主体,以培养学生的核心素养为教学目标,提升学生的物理知识构建能力、物理思辨能力、合作交流能力等,培养学生实事求是的科学态度。

二、核心素养导向下的物理教学原则

核心素养导向下的物理教学应遵循以下原则:

第一,整体化原则。知识的整体化是相对知识的碎片化来说的,强调知识的整体化,是培养核心素养的基本要求。物理学科的知识都是互相联系的,比如受力和运动之间存在紧密的因果关系,如果只单纯地学习运动学,不了解力的作用,就不能很好地理解运动的原因与特点,只有形成完整的动力学系统,才能正确分析物体的运动,才能处理陌生情境中的物理问题。整合知识常用的方法有知识树、概念图、思维导图等。

第二,情境化原则。情境化强调将所学知识与生活实际联系起来,这是培养核心素养的重要途径,能体现知识的价值。知识往往是在某种特定情境中产生的,知识也只有应用到实际生活情境中才能活起来。物理知识的特点就是解决实际问题,所以在教学过程中,应注重情境教学。

第三,深度化原则。深度化是相对于表层化来说的。在教学过程中,如果只要求学生对定理和规律死记硬背,解题则套用公式,这样学生只是掌握了表面的知识,不会灵活应用,学生的思维能力没有深度化,不能形成有效的科学思维。在教学过程中,要设计引导性问题,鼓励学生思考并质疑。

第四，活动化原则。物理规律和定理的得出都是发现问题、提出疑问、设计实验、解决问题、得出结论这样的过程，要让学生体验实验教学的魅力，在实验的过程中培养学生的科学思维、实验探究能力、科学态度与责任等核心素养。

第五，自主化原则。在教学过程中，不能只关注知识的传授，还要关注学生的学情。课堂要从“知识本位”转向“学生本位”，教师要鼓励学生自主思考，在课堂上给学生多留空间，将课堂还给学生。

第六，意义化原则。意义化原则指出了课堂教学的终极价值，有意义的学习不只是学到了知识，更多地是对自己的生命价值产生积极的影响。例如，学生可以从自由落体中学到辩证的思维方式，可以从“地心说”“日心说”的争论中学到不迷信、不盲从的品质。

第二章　高中物理学科核心素养的培养策略

第一节　高中物理学科核心素养的培养原则

一、以人为本原则

当前的物理教学重视对物理知识的记忆以及做题能力的考查，其关注点在于学生是否掌握了知识点、是否能成功地利用知识点解题，而忽视了学生的情感体验，忽视了学生的阶段特点，忽视了学生的全面发展。这与"培养学生核心素养，推动学生全面发展"的教育目的相违背。培养核心素养必须坚持以人为本的基本原则。以人为本意味着要了解高中生的身心发展特点，促进学生的全面发展。

二、启发性原则

培养学生的物理学科核心素养要求学生主动学习、积极思考，提高学生的思维品质。教学中要"道而弗牵，强而弗抑，开而弗答"。在教学中，要善于提问或者善于创设问题情境引导学生提问；让学生通过思考、探索、推理形成自己的观点看法，在获取知识的过程中"不愤不启，不悱不发"，强调学生独立思考，发散思维；通过论证、总结、反思、评估帮助学生对知识做出正确、科学的表述。启发性原则是所有的教学模式都应该遵守的，而不仅仅适用于某种教学模式。启发指向体会、思考、感受，不仅有利于思维品质的提高，对科学品质的培养也有非常重要的意义。

三、生活性原则

生活性原则是指把物理与生活联系起来，做到从生活走向物理，并迁移运用物理知识解决生产生活实际问题。物理教学与生产生活不能相互割裂。物理相较于其他学科是比较抽象和难学的。教师要巧妙地运用学生在生活中的感性认识进行物理教学,虽然这些感性认识有的可能与科学知识不一致,但处理好了,可使整个学习过程更加活泼生动,更加充满生活气息,深化学生对物理的认识,唤起学生亲近物理的热情,从而激发学生强烈的求知欲望,便于学生对物理知识的学习和理解。

四、建构性原则

学习是一种建构的过程,而不是学生对知识的输入、存储和提取,建构的过程包括对已有知识的建构,以及利用已有的知识经验来思考、分析、抽象、检验和批判新知识,最终实现对新知识的建构。教师在讲授新课时,要注意引导学生及时复习学过的物理知识,让学生对已有知识进行整合,为建构物理新知识创造必要条件。建构主义在学习观上注重情境性和社会互动性,要求教师在物理教学中创设有助于学生学习的物理情境,可以通过日常生活引入、多媒体引入、讲故事引入等把学生带到一定的情境中开始物理教学。教学时,要注意将物理知识与情境相结合,物理知识不能脱离情境而抽象存在,这样不利于学生物理知识的建构。除此之外,要加强教师与学生之间的互动、学生与学生之间的互动,加强合作学习。

五、多元化原则

教学有法,但教无定法。受多种教育理论的影响,现在的教学方法多种多样,如讲授法、自主学习法、讨论式教学法、问题式教学法、探究式学习法、同伴学习法、实验法、任务驱动教学法、分层教学法、练习法等。每种教学方法都有其优点和不足,教师应该批判性地对待,应该根据每种教学方法的特点,结合具体的教学内容、教学目标、教学条件等进行合理地选择或者相互配合,采用多元化的教学方法培养学生的物理学科核心素养。无论是采用哪种方法,都要以学生为本,体现教学的启发性、生活性以及知识的建构性。

六、循序渐进原则

高中生的认知和心理不断发展,教师在教学中不仅要遵循物理学科的逻辑系统,还要重视高中生的认知心理发展规律。必修课程是学生发展物理学科核心素养的基础,教师在教授必修课程时要注重全体学生的基础。选择性必修课程的模块间是层层递进的,教师在教授选择性必修课程时要注意物理知识的系统性,切勿拔苗助长。教师要了解学生的学习情况,结合学生的认知心理发展规律,认真研究教材,在此基础上精心设计概念课、规律课、实验课,使学生系统地掌握物理概念和规律,并在系统反思和综合应用的基础上逐步形成物理观念,发展科学思维,培养科学探究能力。

七、时代性原则

在新的时代背景下,物理教学应关注学生个性化、多样化的学习需求,融入先进的教育思想和理念,结合信息化大背景,充分满足学生的发展需求。物理是与生产生活和现代科技联系紧密的一门学科,在进行物理教学时,教师要向学生讲述物理对生产生活、科学技术等的影响,渗透物理与生产生活和现代科技的联系,把生产生活的新变化以及科学技术理论和实践的新成果融入物理教学中,及时更新与充实物理教学内容,及时反映物理学的新发展。在物理教学中引入最新科技成果,不仅能开阔学生的视野,还能激发学生学习物理的兴趣。教师要引导学生关注现代科学技术带来的社会问题,培养学生对科学的正确态度和社会责任感。

八、人文化原则

新课程改革要求促进学生全面发展,核心素养强调跨学科素养,这对广大物理教师提出了新要求。在物理教学中,教师要适当穿插一些人文知识,让学生思考人文知识中蕴含的物理知识。例如,学习作用力与反作用力这一物理知识时,教师可以从端午节赛龙舟切入,先介绍端午节的来历和主要习俗,并分析赛龙舟这一过程中蕴含的物理知识。赛龙舟时,桨向后推水,水向前推桨,从而将龙舟推向前进。桨对水有作用力,同时,水对桨有反作用力。又如,教师在讲解生活中的圆周运动——汽车过拱形桥这一过程时,除了讲解其中蕴含的物理知识,还可以向学生讲述赵州桥的历史,让学生体会我国古代先人的智慧。教师在物理教学中,要注重体现物理学科中蕴含的人文知识,让学生理性与感性并存,促进学生全面发展。

九、评价性原则

教师要注意评价的诊断功能和激励功能在物理教学中的应用。评价有多种方式,课堂问答是在物理教学中常用到的一种方式。课堂问答是指物理教学过程中教师和学生之间的语言互动。课堂问答的重点在于设置问题,问题要有针对性,问题难度要适中。通过课堂评价能及时了解学生当前的学习情况,找出存在的问题,并及时纠正。教师要恰当地利用心理学中的罗森塔尔效应。罗森塔尔效应是指教师对学生抱以期待,使学生出现向教师期待的方向发展的现象。利用罗森塔尔效应可以帮助学生树立信心,找到学习的方向,并对学习物理充满希望。教师要通过评价促进学生的学习和发展,在教学过程中适时使用评价,激励学生不断进步,培养学生物理学科核心素养。

第二节　高中物理学科核心素养的培养方法

一、培养高中物理学科核心素养的教学方法

物理教学的核心在于帮助学生掌握物理知识从而促进自身的发展。物理学科知识是形成物理学科核心素养的载体,而精心设计的学科活动是培养物理学科核心素养的渠道。学科活动主要涉及教师如何处理教学内容以及教师如何引导学生学习。高中物理学科核心素养的培养需要依托于处理教学内容时使用的教学方法,其中,讲授法、自主学习法、讨论式教学法、探究式教学法、问题驱动教学法、任务驱动教学法较适于培养高中物理学科核心素养。

(一)讲授法

依靠教师的口头语言,向学生描述物理情境、叙述物理事实、解释物理概念、论证物理原理、阐明物理规律的教学方法。其优点在于效率高、成本低、通用性强,且其他教学方法的应用都需要讲授法的配合。讲授法对教师的水平要求较高,且受到学生语言和思维水平的制约,应根据教育规律在应用的基础上不断完善。在讲授法的运用中,应落实学生的主体地位,注意语言的启发性与知识的建构性。比如,在“太阳与行星间的引力”的教学中,要求学生能导出具体的关系式。太阳与行星之间的引力已经超出了通过实验研究得出结论的范畴,推导过程对学生来说是难点,学生往往只是记忆了公式的形式,需要在教师启发性的讲授下,理解推导过程及相关逻辑。

(二)自主学习法

强调学生对学习主动地做出选择、调节或控制,包括学习内容、学习目标、学习进程等。学生的自主性是学生进行自主学习的前提和基础。自主学习不排斥在学习过程中主动寻求他人的帮助,因此,教师的引导、启发在自主学习中也扮演了很重要的角色。在物理教学中,可根据教学内容,基于学生的认知水平列出若干相关课题,让学生根据自己的兴趣进行研究。

(三)讨论式教学法

以系列物理问题为导引,以教师主导,通过学生与学生之间、教师与学生之间的讨论推动教学进程。比如,“比较做圆周运动的物体的快慢”,从不同的角度比较,结论不同。教师可引导学生根据问题结合相关实例(如自行车的大齿轮、小齿轮、后轮)展开讨论,学生从不同的角度来认识、判断(有的学生通过单位时间内通过的弧长来比较,有的学生根据单位时间内转过的角度来比较,有的学生比较转动一圈所用的时间,有的学生比较在某一段时间内转过的圈数)。通过这样的讨论,学生会更深入地理解线速度、角速度、周期、频率等物理量,对匀速圆周运动形成全面的认识。

(四)探究式教学法

将科学探究引入课堂,学生在科学探究过程中,经历类似科学家的探究过程,理解科学概念及科学本质,培养科学探究能力并领悟科学态度和精神。随着教育理念的更新,涌现了多种多样的探究式教学法,如论证式教学法。论证式教学法是学习共同体围绕某一论题,通过查阅资料、动手实验等科学方法收集证据,再运用一定的论证方式解释、评价自己及他人的证据与观点之间的相关性与可靠性,最终形成关于论题较为可接受的结论的活动。论证式教学法强调学生经历论证过程,在学生自己、学生与学生之间、学生与教师之间进行观点的交锋、思维的碰撞,最终形成相对最科学、合理的解释。论证的过程是自我反思、自我检测的过程,也是自我陈述、自我澄清的过程,更是引起认知冲突、自主修正的过程。

(五)问题驱动教学法

通过精心创设问题情境,学生依据已有的知识经验及提供的信息,通过识别、分析、表征问题,寻求解决问题的方案并展开研究,从而自主获得知识的教学方法。比如,在学习“抛体运动”时,可通过创设“丢沙包”的问题情境引导学生提出问题:“怎样丢沙包才能确保击中目标?”对生活问题进行物理表征,通过与生活紧密相连的问题驱动教学。

(六)任务驱动教学法

以能引起学生兴趣、激发学生好奇心和求知欲的情境为基础,使学生在与教学内容紧密联系的任务的驱动下获得知识技能、提高物理学科核心素养的方法。在任务驱动教学法中,教师基于教学内容和学生特点精心设计任务,并根据任务所要达到的目标确定完成任务的形式。比如,在理解圆周运动和万有引力定律后,根据已有知识计算天体的质量是学生“跳一跳”可以解决的问题,该内容可以使用任务驱动法。首先,创设任务情境:科普读物中称太阳质量是地球的33万倍,可太阳、地球都是巨大的天体,不像是篮球、乒乓球,不可能用天平、台秤之类的工具来称,那么根据所学知识，怎样计算出天体的质量？接着，根据问题分解任务：①复习相关知识（天体运动模型、万有引力定律、圆周运动），猜想计算太阳质量的方法。②根据猜想，列出需要了解的物理量清单，并通过查阅资料找到相关数据。③计算太阳质量并与参考值作对比，总结计算思路。在这一系列任务的驱动下，学生回顾旧知、积极思维、理性推理、建构新知，体验科学家的探索过程，理解科学本质，收获积极的情感体验。

二、培养高中物理学科核心素养的教学策略

（一）培养物理观念素养的教学策略

学生具有物理观念，就能站在物理学的角度看待问题、思考问题、解决问题，有更清晰的逻辑思维，能更有条理地制定计划、实施计划。但是物理观念的形成并不是一蹴而就的，需要教师在平时的教学中一点一滴地渗透培养。

1.融入物理学史，感知物理知识的形成过程

物理学史涵盖了物理知识的形成过程，让学生经历物理概念、物理规律的形成和发展过程，一方面能加深学生记忆，改变学生“前学后忘”的学习现状，另一方面能让学生了解知识的来龙去脉，认识会更加完整、深刻，有助于学生物理观念的形成。

例如，在学习牛顿第一定律时，先介绍科学家们对物体运动原因的探索史。基于生活经验，亚里士多德认为：必须有力作用在物体上，物体才能运动；如果没有力的作用，物体静止不动。伽利略认为，得到这种错误认识的原因是忽略了摩擦力的影响，因此，他设计了著名的理想斜面实验，得出结论：力不是维持物体运动的原因。与伽利略同时代的科学家笛卡儿进一步完善，指出物体不受力时沿直线运动，速度保持不变。后来，牛顿在前人工作的基础上，研究总结出牛顿第一定律。通过对这段物理学史的学习，学生的思维经历了“错误—改变—修正—完善”的科学发展过程。这样一来，学生对物体运动的原因能有清晰、正确的认识，对牛顿第一定律记忆更

加深刻,为正确理解运动与相互作用打下基础。

2.亲历探究过程,建立正确的物理观念

物理观念是物理概念和规律在头脑中的提炼与升华。在物理概念和规律的教学中,要注重过程,让学生在实践探究中获取知识。现阶段,很多高中生面临着“一听就懂,一做就错”的困境,由于学习的时候没有经历思维从错误到修正的过程,到了实际应用时错误就出来了。鉴于此,教师要精心组织学生进行科学探究,不要怕学生出错,要利用学生认知的不断修正,完成物理概念与规律的教学。学生只有理解了物理概念和规律,才能牢固地掌握好,进而形成物理观念。

3.将理论用于实践,强化物理观念

按照新课标对物理观念的教学目标要求,学生学习不同知识时要形成相应的物理观念,并达到用其解释自然现象,进一步解决实际问题的目的。单纯的学习与习题训练会将学生的思维限制在书本理论中,教师应引导学生将目光投向生活中,为学生创造条件,让学生在实践中运用学到的知识解释相关现象、解决相关问题,让物理概念和规律在实践中不断升华,让物理观念得以强化。

(二)培养科学思维素养的教学策略

科学思维与观察、实验相结合,是物理学科的基本特征。科学思维是具有意识的人脑对科学事物(包括科学现象、科学事实、科学过程等)的本质属性、内在规律及事物之间的相互联系和关系的间接与概括的反映,是物理学科核心素养的核心内容。科学思维包括模型构建、科学推理、科学论证和质疑创新等多个要素。

1.关注原始物理问题,培养建模能力

原始物理问题来源于实际生产生活,没有经过任何简化概括处理,是原生态的、开放的、客观真实的,能够反映最真实、最客观的现象,与物理习题大有差别。通常,学生练习的习题都被出题者经过抽象处理简化了,学生的建模能力没有得到发展,在遇到真实情境问题时难以解决。

原始物理问题的解决,需要学生运用抽象概括的思维方法将实际现象简化处理,建立物理模型,最后用物理知识解决问题。因此,原始物理问题能为学生提供思维训练的平台,培养学生从具体到抽象的思维方法。解决原始物理问题,要求学生会根据研究的任务和目的抽象出现象的本质和特征,舍弃次要和非本质的因素,简化问题,由实际问题转化为物理模型,最终解决问题。模型建构过程中,学生思维在由具体到抽象的过程中发生了认知冲突,最终促进学生认知的发展,提高学生的科学思维能力。

2. 选取典型习题,培养学生质疑创新精神

习题有检验的功能,通过学生对习题的解答能够判断出其对所学知识的掌握情况。同时,习题也有导向功能,教师可以选取典型习题,并正确引领示范,培养学生的质疑精神和创新精神。

3. 总结拓展,实现学生思维升级

在高中物理教学过程中,总结具有重要作用,有利于学生思维的发展。课后小结有助于及时复习所学内容。单元小结有助于学生发散思维,积极寻找知识点之间的逻辑关系,形成系统的知识链。

(三)培养科学探究素养的教学策略

1. 问题驱动,激发探究兴趣

问题驱动是指教师在教学过程中创设情境问题,围绕问题的提出、分析、探究和反思来组织学生的学习活动,使学生在"知识问题化,教学活动化"中体验学习的乐趣。

问题驱动法中生成的问题一定要讲究有效性。

例如,在动量定理的教学中,教师拿出两个鸡蛋,举到同一高度,问学生:"现在老师把两个近乎一样的鸡蛋从同一高度释放,一个掉在桌面上,另一个掉在桌面的海绵垫子上,哪一个鸡蛋更容易破?"这便是无效问题。根据日常生活经验,结果已知,没有悬念,并不能吸引学生的探究兴趣,反而会让学生觉得枯燥无味。可稍微修改:教师拿出一个鸡蛋,说本节课与这个鸡蛋有关,吸引学生兴趣。物理课和鸡蛋能有什么关系呢?此时,教

师假装没有拿稳鸡蛋，使其掉下去。学生正在“幸灾乐祸”的时候，教师捡起鸡蛋，学生发现鸡蛋是完整的，并没有摔破。鸡蛋为什么没有破？正当学生百思不得其解的时候，教师捡起地上的软垫，告诉学生：“正是因为它的存在，鸡蛋才没有破。”修改后，不再是简单的一问一答，通过引发学生的认知冲突，激起学生的探究欲望。

2.还原历史探究过程，培养科学探究意识

在物理规律教学过程中，很多教师直接把规律写在黑板上，或让学生在课本上画一画，简单地讲解后，利用大量的习题练习来提高学生对规律的记忆和理解。物理规律是前人在不断观察、探究、实验中总结得来的。在教学中，教师应按学生的认知发展水平，让学生经历探究过程，在亲身经历的过程中理解知识并培养科学探究意识。

3.注重探究实验，提升探究能力

探究式实验是指对未知事件的探求，重视在探究过程中形成科学的思想方法。探究实验能让学生经历科学的探究过程，有助于学生掌握科学探究方法。教师应充分利用探究性实验，让学生亲历科学探究的过程，在与教师互动、与同学交流合作中自主构建物理知识，发现物理规律，将物理课堂变为学生进行探究活动的主阵地，激发学生的求知欲，提升学生的探究能力。

（四）培养科学态度与责任素养的教学策略

1.介绍我国科技发展进程，激发学生的爱国热情

在古代，我国就有许多研究成果居世界领先地位，如四大发明。在宋代，我国的科技发明更是遥遥领先。在现代，我国物理学家在“两弹一星”、中微子物理、高温超导、量子反常霍尔效应等基础科学中实现突破。我国在通信、高速铁路、探月工程、载人航天工程、北斗导航工程等技术中都取得了巨大成就。

2.加强实验教学，培养学生求真务实的科学态度

物理是一门以实验为基础的学科。在实验教学时，一方面，要求学生

严谨认真，规范操作，有目的、有计划地观察实验现象；另一方面，要求学生实事求是，充分尊重实验事实，仔细观察实验现象并如实记录数据。当实验现象不符合自己所学理论知识时，不能捏造数据，要认真分析，找清楚原因。

3. 重视STSE教育，培养学生的社会责任感

STSE是指科学（Science）、技术（Technology）、社会（Society）、环境（Environment）。STSE教育是由之前提出的STS教育加环境教育构成，将科技发展、社会生活、生活环境与教育相融合，是指导和实施科学教育的新理念。依据STSE教育理论，应让学生理解科学技术的进步，关心社会的发展，鼓励学生对影响社会与环境的重要议题做出评价和决策，形成正确的价值观和行为准则，具备良好的科学素养。在教学过程中，应适当引入现实社会中的事例，尤其是科学技术给人类社会和自然环境带来的巨大影响，引导学生充分认识到科学、技术、社会、环境之间相互依赖、相互制约的关系，从而让学生学会爱护环境，保护人类的生存条件，促进可持续发展，培养学生的社会责任感和使命感。

第三节　培养高中物理学科核心素养的教学案例

本节以“抛体运动”教学为例，详细阐述培养高中物理学科核心素养的教学设计。

选用本节内容进行教学设计研究有如下考虑：①物理核心素养的培养目标清晰。在物理核心素养导向下，要培养的是学生的物理观念、科学思维、科学探究、科学态度与责任四方面的素养。本节的教学内容对四个方面的素养均有明确体现。抛体运动是生活中极为常见的运动形式，与生活息息相关，且抛体运动的教学涉及运动的合成与分解，不仅能够培养学生的物理观念，还可以培养学生的科学思维。本节课教学中使用的演示实验能够将实验探究的整个过程完整体现，可以借此培养学生的科学探究能

力。平抛运动的探究实验与生活实例则能够为培养学生的科学态度与责任感提供比较有效的范例。②教学设计过程成体系。抛体运动的教学前需要复习前一节课所学内容,也需要对本节内容进行分析,然后引导学生观察分析演示实验,得到结论,最后更有结论的应用以及习题的练习。根据教学设计的系统科学理论,教学设计强调从整体来看待影响教学成效的各种条件,强调各个部分有机地联合起来构成一个整体,各环节相互关联,本节的教学设计能充分地体现这一点。

一、教学目标分析

在物理观念方面,本节的核心物理观念是运动观念。本节的物理观念教学目标在于培养学生的运动观念,让学生对抛体运动的全过程有具体认识,知道什么是抛体运动、抛体运动有什么特点、生活中哪些运动是抛体运动,以及抛体运动与当下的科学技术发展的关系。同时,也应在分析运动时引入受力分析,培养学生相互作用的物理观念。

在科学思维方面,应培养学生基于经验事实建构理想模型的抽象概括能力。具体表现为学生根据之前学习的红蜡块实验以及运动分解的知识来建构运动合成的模型,从而理解抛体运动或平抛运动。同时,科学思维也包括基于事实证据和科学推理对不同观点和结论提出质疑、批判,进而提出创造性见解的能力与品质,在引导学生从回忆运动合成到学会运动分解再到理解平抛运动的整个过程中,要注意培养学生的科学推理能力、提出质疑和批判的能力。

在科学探究方面,要培养学生提出物理问题,形成猜想和假设,实验和操作,获取和处理信息,基于证据得出结论并做出解释,以及对实验探究过程和结果进行交流、评估、反思的能力。在抛体运动这一节的教学中,在探究平抛运动之前,教师就要引导学生提出问题:运动可以分解吗?如何分解?分解后是什么样的运动?在提出问题后,教师应指导学生基于问题提出猜想和假设;在设计实验、获取数据时,更应结合平抛运动实验,培养学生科学测量和记录数据的能力以及实验创新能力;实验结束后,要培养学生针对实验结果进行反思交流的能力。

在科学态度与责任方面，要培养学生在认识科学本质，理解科学、技术、社会、环境关系的基础上，逐渐形成对科学和技术的正确态度以及责任感。本节课的教学内容是平抛运动，应该结合本节内容引导学生理解平抛运动与生活中物理现象的关系。在演示实验时，培养学生实事求是的态度，培养学生发现问题、主动探索的意识，还要培养学生在探究时的合作精神。

具体目标如下：

物理观念目标：让学生对抛体运动的全过程有具体认识，知道什么是抛体运动、抛体运动有什么特点、生活中哪些运动是抛体运动，知道抛体运动可以看成运动的合成；理解抛体运动与科学技术应用的关系，形成完整的抛体运动观念；同时，也应在分析运动时引入受力分析，培养学生相互作用的物理观念。

科学思维目标：让学生通过回忆运动分解的知识来建构运动合成的模型，学会物理学科的科学思维方式，从而理解平抛运动的整个过程；通过实验的设计与操作培养学生的科学推理能力以及提出质疑和批判的能力。

科学探究目标：培养学生提出问题的能力，培养学生基于问题提出猜想和假设的能力；在设计实验、获取数据时，结合平抛运动实验的具体步骤，培养学生科学测量和记录数据的能力以及实验创新的能力；实验结束后，培养学生针对实验结果进行反思交流的能力。

科学态度与责任目标：引导学生理解平抛运动与生活中物理现象的关系，使学生养成尊重物理、热爱物理的态度；在演示实验时，培养学生实事求是的态度，培养学生发现问题、主动探索的意识，还要培养学生在探究时的合作精神；利用平抛运动在实际生活中的应用，培养学生的科学责任感。

具体教学时，应使四个方面的目标相互交融成为一个整体。比如，在做探究实验时，不仅能够培养学生的科学探究素养，也能够培养学生的物理观念、科学思维、科学态度与责任素养。本节教学设计的重点是：①通过演示实验教学培养学生的科学探究素养。②学会运用已经学习过的运动合成方法与分解方法来解决新的、关于平抛运动的问题，让学生学习运用旧知识通过理性思维来解决新问题的思维过程，学习科学思维方式。③认识到平抛运动与日常生活中实际应用的关系，让学生感受到物理与生活紧密联系，在日常生活中能够用理性的思维去解决问题，培养学生的物理观念、科学思维、科学态度与责任等物理核心素养。

二、学习者分析

教学目标确立后，根据教学对象的初始能力和学习态度进行教学设计，此时要进行学习者分析。

学习者分析的目的是了解学习者的学习准备情况及其学习风格，为学习内容的选择和组织、学习目标的阐明、教学活动的设计、教学方法与媒体选用等提供依据，从而使教学真正促进学习者知识和能力的发展。不同的学习者具有不同的学习态度、起始能力、已有知识和个性特征，这些能力和特征直接或间接地影响着学习者的学习效果。学习者分析是教学设计过程中的一个重要步骤。教学设计的一切活动都是为了学习者的学，教学目标是否实现要在学习者认识和发展的学习活动中体现出来。作为学习活动主体的学习者，在学习过程中又是以自己的学习习惯和认知特点来进行学习的，因此，在教学设计时必须重视对学习者的分析。

高中学生已经掌握了基本的物理学习方法，也初步具备物理核心素养的部分基本要求。物理核心素养是学生接受物理教育过程中逐步形成的适应个人终身发展和社会发展需要的必备品格和关键能力，是学生在学习物理过程中要达到的最基本、最关键的素养。目前，学生物理核心素养的发展并不完善，也不均衡，应该根据学生物理核心素养发展的具体情况有针对性地进行教学设计。只有了解了学生物理观念、科学思维、科学探究、科学态度与责任四个方面素养的发展情况，才能够有针对性地进行教学设计。

“抛体运动”的学习者是高一年级的学生。高一学生在学习物理时有以下基础：①在物理观念方面，学生通过之前的学习，已经对直线运动有了深入的了解，能够正确认识各类匀变速直线运动，但是对曲线运动还没有基本的了解，曲线运动观没有形成。②在科学思维方面，高一学生经过力的合成与分解等相关知识的学习，已经具有一定的科学思维素养，但是对曲线运动认识还很浅，对运动合成的知识不是很熟练。本节重点内容就是让学生学会用运动合成与分解的方法分析抛体运动，培养学生基于事实建构理想模型、推理论证等科学思维，学生需要加以引导才可以很好地掌握运动的合成与分解，进而理解平抛运动的分解以及平抛运动在两个方向上的运动形式与特点。经过本节课的学习可以更好地发展学生的科学思维。③在科学探究方面，高一年级的学生已经具有一定的实验探究能力，他们好奇心强，有提出问题的意识，也具有一定的分析归纳总结能力，但是在实验探究的顺序以及实验操作方面仍有不足。④在科学态度与责任方面，高一学生具有基本的科学态度，但是仍有部分学生对科学探究不够了解，缺乏基本的科学素养，因此，本节课的教学应对学生科学态度与责任加以引导和培养。

三、教学策略分析

教学策略是指在教学活动中所采用的策略。广义的教学策略指的是教师教的策略和学生学的策略，狭义的教学策略指的是教师教学所采取的策略。在培养学生物理核心素养的教学设计中，教学策略是狭义的，就是教师为了培养学生的物理核心素养而采取的教学策略。策略一般指的是谋略、手段或者计划等。部分学者认为，教学策略是在教学目标确定后，根据已定的教学任务和学生的特征，有针对性地选择与组合相关的教学内容、教学组织形式、教学方法和技术，形成特定教学方案，是教师为了达到教学目标而采用的系统的行为。换言之，教学策略是为实现特定的教学目标服务的，是为解决具体教学问题而采取的计划、方案或方法，是一种教学系统行为的宏观描述。

物理学科的教学重视理论教学与实验教学结合，重视培养学生的物理知识、实验技能、逻辑思维与理性思维。在核心素养教育理念下，要求培养学生的物理观念、科学思维、科学探究、科学态度与责任四个方面的素养。教学策略的选取要能够体现出物理学科的特点，能够有效地培养学生的物理核心素养。

（一）直接教学策略

直接教学策略是以教师为中心的直接指导型教学策略，适用面广，也是当下高中物理教学中使用最广泛的教学策略。直接教学策略主要有讲授、解说、启发式教学、演示与示范等教学方法。就物理学科的教学来分析，因为物理学科中有大量的概念、定理等，需要进行概念的讲授、定理的推演等，需要向学生叙述事实、解释概念、论证原理和阐明规律，而讲授法是教师通过简明生动的口头语言、表情语言、体态语言，向学生描述事实、解释概念、论证原理和阐明规律的教学方法，所以讲授法是物理教学中必不可少的教学法。

笔者认为，物理观念的培养以及科学态度与责任的培养都需要大量使用讲授法，这就需要教师在充分理解当堂物理课的教学内容后，逻辑明确地对某个物理概念或原理进行分析、解释和论证，尽可能直接地把定理、概念、科学态度等内容传达给学生。以抛体运动的教学为例，学生一开始可能已经对抛体运动的运动形式有所了解，但是只是一知半解，知道有这样一种运动，没有成体系地认识抛体运动，这时候就需要教师通过实物演示，或者使用多媒体来向学生展示抛体运动，并解释什么样的运动是抛体运动，让学生迅速地理解抛体运动的概念，对抛体运动有系统的认识，从而完善学生的运动观念。这样的讲授既能够让学生明白抛体运动的概念，又能够最大化地节约时间，使整个课堂更有效率。

讲授法的优点是使学生在较短的时间内获得大量系统的学科知识，但是对于物理学科的教学来说，主动的思考远比被动的学习重要，讲授法对于高阶思维能力的培养和非结构化知识的学习并不是那么有效。

在示范与演示的教学方法中，学习者通过观察示范者真实的操作过程进行学习,示范者的操作过程可以被记录成视频或者音频资料,必要时反复播放,甚至慢速回放,以供学习者学习。在物理学科的教学中,实验探究是非常重要的教学内容,同时,实验探究也是物理核心素养的重要组成部分。由于教学场地的限制、教学器材的限制、课程安排的限制,部分实验只能够通过教师在课堂上的演示实验来进行教学。教师的演示实验会对学生产生非常重要的影响,教师操作实验时的动作、操作要领、细节把控等都会成为学生的榜样,继而影响学生物理核心素养的发展。演示实验的实验探究步骤包括:提出物理问题,形成猜想和假设,获取和处理信息,基于证据得出结论并做出解释,以及对实验探究过程和结果进行评估、反思。每一步都需要教师的精心安排和细心讲解。

以探究平抛运动的演示实验为例。首先提出问题:运动可以合成,那么运动能不能进行分解?平抛运动分解后的分运动分别是什么运动?在提出问题后,让学生做出猜想,然后演示实验。在演示实验的过程中,教师应操作精准,实事求是。由于演示实验是让学生通过观看实验明白某种规律,要让学生把实验过程和实验结果看清楚,所以演示实验必须清晰明了。以探究小球在竖直方向上的运动为例,由于平抛竖落仪上的两只小球在实验时会以非常快的速度下落,学生通过肉眼无法看清楚两个小球的运动情况,更无法比较两个小球在竖直方向上的运动是否一致,是否同时落下。这时候,教师就需要运用更科学的演示和观察方法。例如,在教学设计时引导学生使用耳听法,让学生听两个小球下落着地时发出的声音是否同时产生;或者请学生把小球运动的短暂过程用摄像机拍摄下来,使用多媒体教学设备将拍摄的视频制成慢动作视频或者频闪照片,当堂进行播放。在这样的演示过程中,既可以将实验从猜想到看到结果的整个过程完整地展示给学生,也可以让学生理解本节课要学习的物理规律,同时学会在实验时采用更加灵活的观察方法。这样,在培养学生物理基本知识、物理观念的同时,也培养了学生的科学探究素养。

在学生掌握了基本的物理观念后,应考虑使用习题来巩固学生的物理知识、物理观念等。练习法是让学习者通过完成一系列经过精心设计的练习,熟练掌握新知识和新技能的教学方法。练习法应在学习者已经学会了概念、原理,或已经初步掌握了动作要领的前提下应用。为了提高教学效果,对学生练习时所遇到的问题和所犯的错误要及时地纠正和指导,以此来强化知识。同时,练习也是评价策略的一部分,可以为当堂教学效果进行评价。在物理教学设计中,适当的练习能够让学生及时巩固物理知识,对物理观念的形成以及科学思维的培养都有着比较重要的作用,同时能够让教师及时得到学生学习情况的反馈。在教学实践中,教师需要结合一些典型的例题,引导学生正确地理解物理核心概念。科学思维是解答物理问题的重要思维。因此,在教学活动中,教师既要注重核心概念的讲解,又要传授给学生基本的解题方法和物理学习方法,以提高学生利用所学知识解决物理问题的能力。

在物理教学设计中,还要考虑到课堂上教师与学生的互动以及课堂教学中的某些突发情况。教师在教学中,可以一边向学习者呈现并解释学习内容,一边就所学知识的关键点向学习者提问,根据学习者的回答分析其对学习内容的理解情况。此时,教师要针对回答中所反映的问题、错误、偏差进行反馈指导,这样可以及时发现教学中的不足以及学生理解困难的地方。这样的教学策略能让学习者在物理教学的推进中保持一定的积极性,提高学生学习物理的热情。教师根据学生在物理学习过程中遇到的问题进行具体指导,可以更加有效、更有针对性地培养学生的物理核心素养。

(二)间接教学策略

间接教学策略是教师通过间接指导活动去影响学生的认知过程,让学生自己获得知识的教学策略。物理是一门实验科学,也是培养学生理性思考的重要学科。在物理教学中,需要学生自己去探索,去思考,去经历探究过程,才能更好地培养学生的科学思维。

在物理教学设计中,间接教学策略可以用在大部分的规律、概念教学中。可以采用问题教学法,培养学生的自主学习能力、分析能力、解决问题的能力、团结协作能力等。教学设计中,要以学生作为学习的主体,通过引导学生独立地分析、探索、实践、质疑、创造等来实现学习目标,通过自主学习、合作学习,帮助学生自主地形成物理观念,获得独立思考和学习的能力。

间接教学策略中除了问题教学法,还有发现学习法。发现学习法是向学生呈现一个待解决的问题后,让学生自己去分析,寻找解决问题的办法,得出正确结论。以平抛运动的教学设计为例,教师仅需要引导学生理解平抛运动在水平方向和竖直方向的运动形式是什么,根据实验数据进行的定量计算和规律的总结都可以让学生自己去完成,从而培养学生的计算推理能力和科学思维能力。发现学习法的目的是让学生从深层次理解所学知识,学生根据教师提供的信息,结合自己已有的经验,通过推理、演绎、分析、总结来发现事物发展的规律和蕴含的原理。在物理教学设计中采用发现学习法,对于培养学生的物理核心素养是非常有效的。

各类教学策略各有优点,在教学设计中,应根据教学内容灵活选择相应的教学策略。

四、组织、传递、管理策略分析

组织策略是将教学内容进行合理地选择与安排并且最终合理地呈现出来的策略。组织策略可以帮助教师编排教学内容,更集中地体现出教学内容的脉络和框架。在教学设计时,组织策略主要有课程结构设计、章的结构设计、节的结构设计、知识点的结构设计等。以物理观念这一物理核心素养为例,它要求学生不仅要理解和掌握物理知识,而且要将所学物理知识整合内化,在此基础上形成对物质世界的整体认识,即形成物理观念。它是从物理学视角形成的关于物质、运动与相互作用、能量等的基本认识,是物理概念和规律等在头脑中的提炼和升华。由此可见,物理观念是通过一定学段(或阶段)的物理学习后形成的。核心素养目标不是某一课时目标所能实现的,也很难割裂分解来实施,这就要求教师从传统的课时教学设计走向单元教学设计。教师在进行某一课时的教材处理时,必须将知识点相互联系，不是把物理教学内容碎片化地当作知识点来处理，而是有机地、模块式地组织单元教学。

单元教学目标应当在整体分析单元内容和学生学情的基础上确定。物理教师必须基于物理核心素养，厘清“核心素养—课程标准（学科素养、跨学科素养）—单元设计—课时计划”的关系，把单元目标分解和落实到课时，变单元目标为课时目标。

组织策略探讨如何组织教学内容，传递策略则是探讨课堂上教师与学生之间的互动，以此将知识传授给学生。在教学设计中，传递策略主要探讨课堂上采取什么样的互动方式来展开教学。一般来说，教学设计中的传递策略包括基本教学传递策略、建构教学传递策略等。

当代著名教学设计理论家罗米索斯基根据信息加工模型，将复杂的大脑功能简化为接受、储存、加工、表现四个步骤，他据此提出了通用教案计划。该计划将教学分为三个部分：启动、展开和结束，并将其分为九个小点。就传递策略而言，笔者认为也可分为九点。

第一，引起注意与激发动机。教师在物理课开始的时候可以进行必要的说明，呈现相关信息，或者进行与本节课堂教学内容相关的趣味实验，这样可以集中学生的注意力，使学生做好参与学习活动的准备，或者激发学生的探究热情。

第二，说明教学内容。在学生的兴趣被唤醒后，可以用比较具体的方式告知学生将要学习的内容。学生在课堂开始的时候，应该清楚地知道当堂课的具体教学目标，在课堂教学进行的过程中，学生就可以根据教学目标对自己的相关物理知识学习情况进行评价。明确的教学目标，也可以帮助教师提出更有针对性的物理问题，让学生的学习活动更加有启发性，使学生物理核心素养的培养更加明确。

第三，回忆和补救已学知识。物理教学中，经常需要用到学生在以往学习中已经掌握的知识或者技能，此类知识一般被称为先备知能。学生是否具备先备知能，教师在进行学情分析的时候应该确认。先备知能可能是前几节课中刚刚学习的内容,也有可能是学生早已掌握的知识。不管是哪种情况,教师在教学设计时都有必要准备提问或者活动,评价全体学生是否真正掌握了此类先备知能。对于物理学科的很多知识来说,很多新学的内容是建立在已有知识的基础上的。物理核心素养的培养也是如此,很多素养的培养是循序渐进的。如果通过某些提问发现学生在先备知能掌握上还存在缺陷,那么就有必要在上新课之前采取一些知识补救或者加强的措施。比如,在平抛运动的教学中,通过提问发现学生对自由落体运动的相关知识掌握得不好,运动观念掌握得不好。这时候,教师就需要复习自由落体运动,让学生强化自由落体等直线运动的相关知识,加强学生相关的运动观念。鉴于此,教师在教学设计时就需要对先备知能的补救和加强预先做出安排,必要时更应特别列出这类补救或加强的活动如何进行、需要多少时间以及对新课会产生什么样的影响。

第四,开展教授活动。在物理课堂教学中,教师是起主导作用的,教师需要向学生传递信息,为学生物理知识的学习指明方向,或者提出各类物理问题来创造物理学习的情境。物理教学中,需要使用讲授法来对教学内容进行讲解示范;也需要使用发现学习法,提供各类相关信息后,让学生自主进行发现学习,加强学生物理观念的培养。教师需要制定一定的探究规则后让学生自主探究,或者带领学生进行各类探究实验,经历整个探究过程,从而培养学生的科学探究素养。在讲解物理观念和进行实验探究时,教师应通过引导学生思考来培养学生的科学思维素养。在实验时,加入生活的元素或者物理学史的相关元素,可以培养学生的科学态度与责任。

第五,开展学习活动。虽然在物理教学中,教师为主导,但是学生仍是主体,课堂中很多活动需要学生来完成,学生需要理解教师所讲的物理概念、实验过程、推理过程等。在教师使用讲授法进行物理教学时,学生的学习任务主要是及时回答教师所提出的物理问题或者探究时的操作问题。在进行发现学习时,可以使用小组会议、集体讨论、集体实验等方法来开展物理学习活动。

第六,反馈活动。在物理教学设计中,需要一些及时的形成性评价来了解教学效果。一般来说,这类反馈活动是由教师来完成的。在教学设计中,所有的反馈活动都需要教师精心设计,这样才可以使学生及时地认识到自己物理学习的薄弱之处,并通过适当的措施来进行加强。在物理教学设计中,可以让学生进行自我评价,教师要及时地鼓励学生,帮助学生找出成功或失误的地方。

第七,学习迁移。为了更有效地培养学生的物理核心素养,教师应该在教学设计中加入足够的变式练习,通过这样的方式确保学生能够将学到的物理知识迁移到需要运用相同策略或者原理的变式情境中。在教学设计中,可以通过深层分析向学生提供多种物理习题的解法,或者让学生将所学内容和掌握的物理知识与现实生活结合,做到活学活用,培养学生的物理核心素养。

第八,课堂教学结果评价。虽然在教学设计的反馈活动设计中,课堂的各个步骤都有反馈,但是仍有必要对整节课的最终结果做出评价,这样的评价可以用于物理课堂教学的总结,也可以对学生的物理核心素养进行形成性评价。此外,教师可以根据总结性评价对下堂课的教学做出调整。通常情况下,物理课堂的总结性评价可以通过口头提问、借助教学媒体的书面提问、操作练习等手段进行。也可以设计为通过学生自由讨论,发表对当堂学习的物理知识的看法,评估学生的物理核心素养。在物理理论课教学设计中,应对重点概念进行强调,更好地培养学生的物理观念。在实验课的教学设计中,可以带领学生回顾探究的整个过程,以此加强学生科学探究素养与科学思维素养的培养。

制定好组织策略后,物理课堂教学的管理策略也应在教学设计中得到体现。课堂管理主要是对学生课堂学习活动的组织、调控和协调。在物理教学设计中,教师需要考虑如何创设课堂环境、合理选择和安排教学组织形式、灵活运用课堂管理技术等课堂管理策略来有效地实施物理课堂管理，实现培养学生物理核心素养的教学目标。课堂管理策略主要体现在课堂环境的创设以及教学组织形式的选择与设计上。

物理教学过程是教师有目的地选择或创设一个适宜物理教学的课堂环境，从而激发和调动学生学习物理的兴趣，让学生主动掌握物理观念、发展科学思维、进行科学探究，从而发展物理核心素养的过程。课堂环境是指在教学活动中，影响教师教和学生学的一切内外条件，由物理环境和心理环境两方面组成。

课堂的物理环境主要由课堂的自然环境、教学设施等构成。课堂的物理环境主要指教室环境，对教室环境的设置，有以下几点建议：

第一，有条件的学校可以尝试建立专门的物理学科教室。在物理学科教室中可以设置以下区域：物理阅读区域、实验探究区域、展示演示区域、教学交流区域。四个区域合理规划，充分利用教室空间，营造出浓厚的物理学习氛围。在物理阅读区域，可以将图书馆的物理学相关书刊集中，让学生在教室就可以阅读到物理典籍，体会物理学大师的思想，感受物理学的魅力。在实验探究区域，可以配置相关的实验器材，让学生可以在教师的指导下，进行相关的实验探究。在展示演示区域，可以让学生展示自己的实验探究过程，也可以让教师进行演示教学。这样的设置既有利于培养学生的实验探究能力，也有利于培养学生的科学思维和科学态度。在教学交流区域，教师可以进行基本的物理理论与观念教学，也可以让学生之间进行交流，从而培养学生的物理观念和科学思维。

第二，基础条件相对薄弱的学校也可以适当地增强教室的物理学习氛围，为培养学生的物理核心素养提供便利。例如，在教室的阅读角放置物理学相关科普读本，让学生不只是在物理课本中接触物理，更可以在平时的阅读中接触物理。教室中可以放置构造相对简单的不容易损坏的趣味物理实验器材，营造一定的物理学习氛围。物理是一门应用广泛，同时又充满趣味的学科，与生活联系紧密。浓厚的物理学习氛围可以在潜移默化中影响学生对物理学习的态度，为物理核心素养的培养提供便利。

五、教学媒体的选择

文本媒体是物理教学中最基本也是最重要的教学媒体，物理概念，物理公式、物理习题的讲解和总结都需要文本媒体的承载。视听觉媒体的使用为教学提供了极大的便利，可以根据教学需要，缩短或拉长物理现象变化的时间。本节课的教学涉及短时间内的变化慢放的过程，所以本节课教学也需要使用视听觉媒体。

六、教学评价

教学评价是所有成功的教学和有效的学习的基础，也是各类教育决策的重要依据。因此，教学评价是系统化教学设计的重要环节。教学评价是指以教学目标为依据，制定科学的标准，运用有效的手段对教学活动的过程及其结果进行测定、衡量，并给予价值判断。教学评价有许多重要功能，根据不同的划分标准，可将教学评价划分为不同的类型。根据评价的功能，可将教学评价划分为诊断性评价、形成性评价、总结性评价。根据评价的取向，可以将教学评价分为过程性评价和结果性评价。

物理核心素养分为物理观念、科学思维、科学探究、科学态度与责任四个方面，在教学设计中，评价策略也可以从这四个方面进行。

在物理教学设计中，关于科学思维的评价，可以要求学生尝试思考该科学思维方法在其他知识领域是否有所应用，以此评价学生的思维迁移能力。例如，通过类比速度得出加速度大小的定义，并揭示了类比的思维方法后，可以要求学生利用类比的方法，探究加速度方向与什么因素有关。

此外，还可以当堂设置适量的变式练习，要求学生总结一般性的问题解决思路，以此评价学生是否能够灵活应用相应的科学思维。例如，教师讲解了正交分解法的例题后，将例题的条件或情景进行适当的改变，要求学生尝试解决。在解决问题后，要求学生说出这一类习题一般性的问题解决思路。当发现学生只会机械地以背题的方式得出答案，却不能说出此类题一般性的解答思路时，则表明学生并没有真正掌握解决问题的科学思维，教师和学生都需要对评价结果展开深刻反思。

结合本节教学内容，在物理观念方面，可以在课前预习和课后复习的时候，通过提问的方式来检查学生的直线运动观念、平抛运动观念。在科学思维方面，可通过问答法以及习题法来考查学生是否熟练掌握了平抛运动的分解，是否能够运用运动的合成与分解来解决物理问题。在科学探究方面，可通过让学生自主设计探究平抛运动实验的步骤和观察方法来考察。在科学态度与责任方面，可以通过教师讲解后，在课堂总结时对学生进行相关提问来考察。

七、教学过程设计

1.引起注意和激发学习动机

教师使用投影仪播放奥运会铁饼项目的比赛视频，以及军事演习中炮击目标的视频，让学生观看视频并讨论思考。

师：选手怎样可以将铁饼扔得更远？对选手力的大小和扔的角度有什么要求？

生：力气越大的选手扔得越远，对扔的角度可能也有要求。

师：铁饼飞出去后做什么样的运动？使用大炮射击时，炮弹出膛后会做什么样的运动？

生：弧线形的运动。

教师将手中的纸团扔出去，并提问："纸团做什么样的运动？和铁饼、炮弹的运动相同吗？我们生活中还有哪些此类运动？"

生：是相同的运动。生活中的很多球类运动如篮球、铅球等都做此类运动。

设计意图：以这样的小活动引起学生的注意，激发学生的好奇心和求知欲，从而达到引入新课的目的。这样的设计也可以调动学生的学习热情，激情的比赛视频、壮观的炮击视频能够活跃课堂气氛，使教学能够更好地进行。通过对铁饼与炮弹轨迹的分析，让学生体会到物理与生活的关系。通过列举简单的抛体运动培养学生物质的观念、运动的观念等物理观念。

2.说明教学内容

师:如果将铁饼像我们扔纸团一样平行扔出去,铁饼做什么运动?

生:平行抛出的运动。

师:对,是平行抛出的运动,我们把它称为平抛运动。抛体运动有很多种情况,我们先从最一般的平抛运动来进行学习。

师:大家能够总结出平抛运动的特点吗?物体受哪几个力?请大家回忆一下受力分析的相关知识,想想物体做平抛运动时受力情况是什么样的。

生:平抛运动的物体受重力和空气的阻力,忽略空气阻力的话,只受重力。

师:对。如果忽略空气阻力,铁饼做抛体运动。初速度方向为水平方向的抛体运动称为平抛运动,平抛运动的物体只受重力作用。

设计意图:教师明确指出本节课的学习内容——平抛运动。由各类抛体运动引导学生逐步认识到平抛运动,再由纸团、铁饼等实例让学生自己发现、分析并总结出平抛运动的基本特点、受力情况,以此来培养学生的归纳总结能力、逻辑思维能力以及从特殊到一般的科学思维能力。

3.回忆和补救已学知识

师:请大家回忆上节课我们学习的红蜡块实验。红蜡块在竖直方向运动的同时,也在水平方向运动,我们把这两个运动合成,就有了新的运动。请各位同学想一想,我们可不可以逆向思维,把一个运动分解为两个运动呢?

师:结合我们刚刚了解到的平抛运动,请同学们想一想:平抛运动能不能分解为两个运动呢?

生:平抛运动应该可以分解。

师:既然在红蜡块实验中,水平方向与竖直方向的运动可以合成为一个运动,那我们也可以把平抛运动分解为竖直方向和水平方向的两个运动。

设计意图:教师引导学生回忆已经学习的运动合成的相关知识,并且引导学生将现有的问题与已经学习并掌握的知识建立联系,让学生自主提出猜想,提醒学生物理学科中知识的关联性很强,在教授学生物理知识的同时,培养学生进行科学推理的科学思维。

4.开展教授、学习、反馈等教学活动

师:既然可以把运动分解,那么平抛运动分解后会是什么样的运动呢?两个方向的分运动有什么样的特点呢?

师:想要搞清楚物体的运动状态,我们应该做什么?

生:对物体进行受力分析。

师:对。之前已经说过,做平抛运动的物体只受重力。以铁饼为例,对运动员平抛出去的铁饼进行受力分析,忽略空气阻力,铁饼只受重力。请大家猜想一下,铁饼在竖直方向做什么运动?

师:铁饼在竖直方向只受重力,由我们学过的知识可以知道,一个物体只受重力时做自由落体运动,那我们是不是可以猜想铁饼在竖直方向上做自由落体运动?

师:既然铁饼在水平方向不受力,我们也可以猜想铁饼在水平方向上做匀速直线运动。

设计意图:教师带领学生回顾运动的分解与合成、受力分析以及力与运动等知识,让学生认识到力与运动是一个整体,无论何种运动都应考虑受力。培养学生基于经验事实建构理想模型的抽象概括能力,培养学生的运动观念与科学思维。

师:平抛运动的物体在竖直方向是不是自由落体运动呢?接下来,我们来做探究平抛运动竖直方向运动规律的实验。

实验说明:使用平抛竖落仪进行演示实验。平抛竖落仪中的一球落下的同时另一球水平弹出,让学生感受两小球是否同时落地。这里要引导学生讨论如何更精确地判断小球落地的时间。学生各抒己见,最后得到最好用的判断办法是耳听法,即用两个小球落地时声音是否同步来判断小球是否同时落地，培养学生的创造性思维。

师：为什么两个小球一起下落，却只听到一个落地的声音呢？

生：可能是两个小球同时落地了。

师：两个小球同时落地，其中竖直落下的小球做自由落体运动，那么平抛出去的小球在竖直方向上做什么运动呢？

生：也是自由落体运动。

生：说明平抛运动在竖直方向上的分运动是自由落体运动。

教师可多次改变小球高度进行实验，观察实验现象。

师：随着科学技术的进步，如今我们的手机可以当作高速摄象机。用手机把平抛运动的过程拍摄下来，大家可以直观地观察某一时刻做平抛运动的小球与做自由落体运动的小球的运动状态。接下来，请同学上讲台来做一下两个小球下落的实验，老师用手机现场拍下视频，把这一过程变慢，大家仔细观察，看看两个小球在同一时刻的高度。

教师拍摄并播放视频。

师：大家观察到的现象是什么？同一时刻小球的高度是不是一样的？这样的现象说明了什么？

生：说明两个球在竖直方向上的运动状态是相同的。

师：既然两个球在竖直方向上的运动状态相同，是不是证明了平抛运动的物体在竖直方向上的运动为自由落体运动？

设计意图：除了引导学生使用耳听法这样的创造性方法，更重要的是，利用现代生活中最基本的工具——手机，当堂拍摄视频，让学生参与到实验中的同时，通过慢放的视频让学生细致且真实地感受到两个球运动的过程，培养了学生的应变能力以及科学有效地观察实验现象的能力。学生通过猜想，实验，最终得到结论，能够充分调动学生的学习热情，提高学生学习本节知识的兴趣。

师：刚刚我们探究了平抛运动竖直方向上的运动规律，接下来，我们用平抛运动演示仪探究平抛运动水平方向上的运动规律。

师：我们之前根据受力分析，已经猜想到平抛运动的物体在水平方向做匀速直线运动，下面请同学们跟着老师的步骤来进行实验探究。

教师使用平抛运动演示仪进行演示实验，实验过程中，将每一步骤的目的与操作方法向学生讲解清楚。

第一，装好仪器。

第二，将定位板定在某一位置固定好，钢球紧靠定位板释放，球沿轨道向下运动，以一定的初速度由轨道的平直部分水平抛出。

第三，下落的钢球打在面板倾斜的接球挡板上，同时在面板上留下一个印迹点。

第四，将接球挡板向下拉一格，重复上述操作方法，打出第二个印迹点，如此继续下拉接球挡板，直至最低点，即可得到平抛的钢球下落时的一系列迹点。

第五，变更定位板的位置，可改变钢球平抛的初速度，按上述实验操作，便可打出另一系列迹点。

第六，取下记录纸，将各次实验所记录的点分别用平滑曲线连接起来，即可得到以不同的初速度做平抛运动的轨迹图线。

设计意图：在演示实验的同时让学生充分参与实验，让学生知道探究过程的每一步骤，搞清楚每一步骤的目的。通过实验让学生理解探究过程，培养学生的逻辑思维能力。

师：数据已经测好了，怎样分析平抛运动的物体在水平方向上的运动呢？

生：可以先找到相同的运动时间间隔，然后看相同时间内的水平位移是否相等。

师：说得很好。那我们如何去找到相同的运动时间呢？

生：通过竖直方向上的位移确定水平方向上的运动时间。

师：对的，通过自由落体运动的位移公式我们可以得出，在相邻相等的时间间隔内，物体的位移之比为$1:3:5:\cdots:(2n+1)$。

教师让学生随机挑选一组数据，计算实验记录点之间的水平距离。

师：通过分析我们发现，平抛运动的水平分运动在相等时间内的位移相等，能不能说明平抛运动在水平方向上的分运动是匀速直线运动？

设计意图：教师引导学生利用已学的自由落体知识，解决实验探究时遇到的问题，充分培养学生的科学思维。学生在教师的带领下，通过数学计算来寻找物理规律，用数学的方法解决物理问题，建立学科间的联系，使抽象的物理问题形象化，充分地培养学生的学科交叉能力。

师：平抛运动的特点是什么？

师：水平方向为匀速直线运动，竖直方向为自由落体运动。我们可以用之前已经学习的直线运动的相关规律和公式来描述平抛运动。

设计意图：学生通过探究已经基本掌握平抛运动的规律了，此时，通过教师的进一步总结，学生对平抛运动的特点和规律有了更清晰的认识。学生经历猜想、实验、计算后，得到准确的物理规律，通过这样科学严谨的探究过程能够培养学生严谨的科学态度。

5.学习迁移与习题练习

教师通过投影仪给出以下习题：

一架飞机在距离地面2 km的高度，以300 km/h的速度水平飞行，应该在与轰炸目标的水平距离为多远的地方投弹才可以使飞机上投下的炸弹落在指定的目标处？（不计空气阻力）

（1）从水平飞行的飞机上投下的炸弹做什么样运动？这种运动和平抛纸团的运动有什么区别？

（2）炸弹的运动可分解为哪几种运动？

（3）要想使炸弹投到指定的目标处，你认为炸弹落地前在水平方向通过的距离与投弹时飞机离目标的水平距离之间有什么关系？

设计意图：设置这几个问题就是为了加深学生的印象，让学生在回答问题的过程中记住规律，知道规律的使用方法，让学生做到活学活用，现学现用。通过习题的练习也可以对学生的学习效果进行检测和评价。通过飞机扔炸弹这一实例可以让学生感受到物理知识在实际生活中的运用,从而激发学生学习物理的热情。通过习题巩固可以加深学生的平抛运动、自由落体运动等运动观念。

从新课的引入到演示实验再到实验结果的总结,整个教学设计过程循序渐进。实验探究过程与生活实际充分结合,能够加强对学生科学态度与责任的培养。

6.课堂教学结果总结与最终评价

(1)物理观念的培养

物理观念指从物理学视角形成的关于物质、运动与相互作用、能量等的基本认识,是物理概念和规律等在头脑中的提炼和升华,包括物质观念、运动观念、相互作用观念、能量观念及其应用等,本节课中涉及多种物理观念的培养。

物质观念:利用纸团、铁饼以及炮弹等生活中常见的事物进行多媒体演示与讲解,在讨论抛体运动时举例说明生活中的各类抛体运动,在习题巩固时以飞机投弹为例,体现物理现象与生活密切相关,培养学生的物质观念。

运动观念和相互作用观念:用红蜡块实验回忆知识点,说明运动是可以合成的。用平抛运动实验,说明运动是可以分解的。整节课的教学涉及运动的合成与运动的分解,涉及自由落体运动、匀速直线运动、平抛运动,体现出运动观念。本节课让学生对抛体运动的全过程有了具体认识,知道什么是抛体运动、抛体运动的特点是什么、生活中哪些运动是抛体运动,知道抛体运动可以看成运动的合成,形成完整的抛体运动观念。同时,在分析运动时引入受力分析,培养学生相互作用的物理观念。

能量观念:在讲解物体平抛运动的过程中,涉及重力势能转化为机械能,为后续机械能守恒定律的学习打下基础。

(2)科学思维的培养

科学思维是从物理学视角对客观事物的本质属性、内在规律及相互关系的认识方式，是基于经验事实建构理想模型的抽象概括过程，是分析综合、推理论证等科学思维方法的内化，是基于事实证据和科学推理对不同观点和结论提出质疑、批判，进而提出创造性见解的能力与品质。科学思维主要包括模型建构、科学推理、科学论证、质疑创新等要素。本节课对科学思维的培养体现在以下几个方面：

模型建构：将平抛运动分为竖直方向上的运动与水平方向上的运动，分别对两个运动模型进行实验验证。

科学推理与论证：在学生知道了平抛运动物体的受力情况后，引导学生猜想平抛运动物体的运动状态，培养学生根据已学知识科学地推理、猜想，再通过实验探究，论证出结论。

质疑创新：在做出猜想后，教师引导学生思考其观点是否正确。比如，在探究竖直方向上的运动时，提出质疑：怎样判断竖直方向上两个小球的下落时间是否一样？先是用眼睛看，再考虑用耳听，最后用手机拍摄视频。一次次的总结，一次次的质疑，才能将方法不断完善，得到正确的结论。

(3)实验探究能力的培养

实验探究能力指提出物理问题，形成猜想和假设，获取和处理信息，基于证据得出结论并做出解释，以及对实验探究过程和结果进行交流、评估、反思的能力。

本节课的实验探究集中在怎样将平抛运动分解到两个方向上，并分别进行实验验证。利用平抛竖落仪进行演示实验后，提出物理问题：如果是同时落地，说明了什么？基于这个现象能够做出什么猜想和假设？

通过对平抛运动物体的受力分析，能对平抛运动水平方向上的运动做出什么样的猜想和假设？利用平抛运动演示仪进行演示实验，培养学生的实验思维，让学生理解小球在水平方向上的运动过程，基于数据演算得到结论，并做出解释。

这样的探究过程能够充分地培养学生提出问题的能力，培养学生基于发现的问题提出猜想和假设的能力。在设计实验和获取数据时，结合平抛运动实验的具体步骤，培养学生科学测量和记录数据的能力以及实验创新的能力。实验结束后，培养学生针对实验结果进行反思交流的能力。

4.科学态度与责任的培养

科学态度与责任指的是在认识科学本质，理解科学、技术、社会、环境关系的基础上，逐渐形成的对科学和技术应有的正确态度以及责任感。

在本节课中，学生不断地认识生活中常见的平抛运动，理解平抛运动与日常生活的关系，运用学到的新知识来解决扔铅球、飞机投弹等问题，让学生领悟到物理学基于生活、贴近生活并广泛应用于生活，对社会的进步有着巨大的推动作用。

本节课探究实验中观察小球竖直方向上的运动状态是否相同，探究小球水平方向上的运动规律时，都充分地体现了实事求是、严谨探究的科学态度。学生经历这样的探究与计算过程，能够更好地培养科学态度与责任。

第三章　核心素养视角下的高中物理观念教学

第一节　高中物理观念层次模型与培养原则

一、物理观念

什么是物理观念呢？要理解物理观念，首先要明确什么是观念。观念是指人们对客观事物的一切反映，即人们对客观事物所形成的看法或认识，也就是对客观事物的理性认识。对于每一门学科来说，其知识结构都是以基本观念为构架，以相应的经验知识为依据的科学理论体系。在这一体系中，观念处于重要地位，它是科学理论的核心。物理观念是指人们从物理学视角形成的关于物质、运动与相互作用、能量等的基本认识，是物理概念和规律等在头脑中的提炼和升华。对于学生来说，物理观念就是学生对物理现象和过程的理性认识，即学生头脑中形成的物理概念、物理规律，是学生在反思、体验和实践应用中，将蕴含于具体知识中的物理思想、观点、方法等抽象概括出来的观念性认识，是物理学科的研究对象、过程、方法和结果在学生头脑中整体的、概括的反映。

物理观念来源于具体物理知识又不同于具体物理知识，是具体物理知识在学生头脑中的提炼与升华。高中物理课程中的核心概念及其所涵盖的具体知识充实、发展着物理基本观念的内涵，是形成物理观念的基础和源泉。可以说，没有具体物理知识的深入学习就不会有物理观念的形成，物理观念借助于具体的物理知识由浅入深地揭示出来，是具体物理知识提炼升华的产物。同时，物理观念对物理知识具有自上而下的引领作用，它赋予具体物理知识一定的能动性和灵活性。若缺乏物理观念的引领，物理知识就难以有效地迁移和应用,二者之间是相互依存、相互促进的。

物理观念随着物理科学的发展而发展。爱因斯坦指出:“在建立一个物理学理论时,基本观念起了最主要的作用,物理书上充满了复杂的数学公式,但是所有的物理学理论都起源于思维与观念,而不是公式。”由此可见,物理观念在物理学理论形成和发展中发挥着重要作用。

在物理学发展的历程中,经历了多次观念的演变。人类对宇宙的认识从地心说到日心说,再到宇宙无中心;从经典力学理论统一所有机械运动规律,到电磁场理论统一电、磁、光运动规律,再到四种相互作用力统一宇宙间的一切自然力;从绝对时空观到狭义相对论时空观,再到时空几何化的广义相对论时空观;从经典物理学的机械决定论和因果论到量子力学的概率描述和统计因果论……物理观念的更新记录着人类对客观世界认识发展的历史。

物理观念对学生的终身学习和发展将发挥重要的作用。学生能牢固地、准确地,哪怕只是定性地建立起基本的物理观念,应当是高中物理教学的第一目标。背诵或记忆某些具体的物理事实性知识,当然是有价值的,但是更重要的价值在于它们是物理观念及某些基本观念的载体。因此,高中物理教学必须超越对具体知识的学习,要以具体知识为载体,引导学生通过高水平的思维活动,形成物理基本观念,即从“知识为本”转向“观念建构”。

二、高中物理观念层次模型

物理作为一门基础自然科学,它的基本特点是研究各种现象中的物理规律,包括物质的性质和运动规律。物理实验是物理科学研究的基本方法和途径,而科学地研究物质、规律,实现自然与社会的可持续和谐发展则是物理科学的终极目的。基于物理学科的特点和研究视角,在长期的发展过程中,物理科学形成了认识自然世界的基本思想方法和处理问题的基本思维方式及其价值取向。概括起来,物理观念包括物质观念、运动和相互作用观念、能量观念及其应用等要素。这些基本观念不仅指导人们认识大自然、改造大自然，也促进着物理科学的发展。

物理观念不仅是实践发展的产物，更是抽象思维的结果。在教学中，物理基本观念主要来自两个方面：一方面，来自学生对物理学科知识的反思概括，主要形成知识类的基本观念；另一方面，来自学生对物理探究过程、学习方法的反思，主要形成方法类的基本观念。这两个方面的基本观念相互影响、共同作用，构成物理基本观念这一有机整体。

从内容来看，每一种物理观念都是对其所涵盖的事实、概念和原理等物理知识的高度概括和更上位的认识，都有其具体的含义。这些含义以语言的形式表达出来，构成知识形态的物理观念，可将其称为“基本理解”，它把原本处于意识形态的物理观念从字面意义上揭示出来，是物理观念的具体表达。物理观念层次模型分为以下方面：

（一）物质观念

世界是物质的，也就是说，自然界中人类社会和人本身都是物质的，都是客观实在的具体形态。无论是无机自然界的微观世界、宏观世界，还是有生命的生物界，都是先于人和人的意识而产生的，并客观地存在着。

天体的起源和演化理论证明，宇宙中的一切天体都是不依赖于意识而存在的物质客体，它们各有自己形成和发展的历史，绝不是上帝意志的产物。根据现代科学对宇宙射线的研究，以及对陨石和从月球上取来的岩石的分析，证明了人类居住的地球和观察到的其他天体一样，都是由同类的化学元素（氢、氧、氮、碳、磷、钙、铁等）构成的。宇宙中的其他天体及周围的东西和地球一样都是物质的，非物质的世界是根本不存在的。

生命的起源和生物进化论证明，自然界中无机物和生命是统一的。生命是从无生命物质演化而来的，高级生物是由低级生物进化而来的。生命的基础是以蛋白质和核酸为主的生物大分子系统。现代复杂的生物界是由以前少数原生生物通过遗传和变异的交互作用，由于自然选择、适者生存，经过上亿年的漫长演化而逐渐形成的。

化学书里说物质世界是由分子、原子和离子等微观粒子构成的，而物理学不仅要告诉学生物质的宏观观念和微观观念，更重要的是告诉学生并非所有物质都可以看得见、摸得着，如电场、引力场等物质，它们既看不见也摸不着，却是大自然中客观存在的物质。这类物质并非实物，但依然具有和普通物质共通的属性。在这种观念的培养中，每学习一个新物理量的时候，教师不仅要让学生知道物理量的定义和单位，更重要的是，要让学生理解这个物理量的含义。例如，速度的定义是"单位时间内物体经过的位移"，单位是"米/秒"，若学生理解了速度是描述物理运动快慢的物理量，则可以用自己的话说出它的定义，对"米/秒"这个国际单位的理解也会更加深刻。

物质是基于时间和空间范畴的，离开这个范畴来研究则无意义。高中物理学习不要求学生具有三维以上的时空观念，但是空间的三维性和时间的一维性则要求被理解。说起来不难，但是具体到物理学科中的学习时，常发现学生在单位使用上出现错误。从表面上看，这些错误是学生数学基础没过关，深层剖析，其实是物理观念没有深入到自身的世界观中，缺乏在物理层面上对时间和空间的思考。

（二）运动与相互作用观念

运动是物质的固有属性，是一切物质形态的存在方式。一方面，物质是运动的物质，没有不运动的物质；另一方面，运动是物质的运动，物质是运动的承担者，脱离物质的运动是不存在的，物质和运动是不可分割的。静止是物质运动的特殊状态，是暂时的、有条件的，因而是相对的。静止有两种形态：一是就机械运动而言，借助参照系，事物的空间位置表现出相对不变，即事物未发生机械运动；二是事物处于量变阶段，保持其质的稳定，表现出相对平衡的静止状态。运动的绝对性与静止的相对性是物质运动的两个属性，运动和静止是事物存在和发展的两种状态，二者同时存在。

静止是认识和区分事物的基础，运动打破静止，使事物向前发展，没有运动就没有相对静止。运动和静止互相渗透，一切事物的运动都是"动中有静，静中有动"，二者在一定条件下能相互转化。

世界上一切物质都处于相对运动或相对静止状态，没有绝对的静止。运动观是相对容易被学生认识和理解的物理观念，对初学者，要循序渐进地加以引导。理解相对运动才能理解相对速度、位移等物理量，才能真正学懂运动学和动力学。除了宏观上的运动外，高中物理还应让学生懂得分子的运动。"分子永不停息地运动"应当被正确理解和解释。运动是一种现象，要形成一种观念，不仅要对宏观和微观上的物理现象加以分析，还要运用动力学的基本思想来指导自己的方法论，最终形成"运动是绝对的，静止是相对的"等观点。

现代物理学界公认，世界存在四种基本的相互作用：引力相互作用、电磁相互作用、强相互作用、弱相互作用。自然界的万物都是由这四种相互作用构建起来的。

在高中物理学习阶段，相互作用观念表现为相互作用力的观念，其成立的条件是：一个物体对另一个物体施加了力，受力物体反过来也肯定会给施力物体施加一个力。这两个相互作用力表现为大小相等，方向相反，作用在两个不同的物体上，且作用在同一条直线上。简单概括为：异物、等值、反向、共线。一对相互作用力必然是同时产生，同时消失的。

（三）能量观念

能量是物质运动转换的量度，即表征物理系统做功的本领的量度。万物都是不断运动的，在物质的一切属性中，运动是最基本的属性，其他属性都是运动的具体表现。对应于物质的各种运动形式，能量也有各种不同的形式，它们可以通过一定的方式互相转换。

在机械运动中，能量表现为物体或体系整体的机械能，如动能、势能等。在热运动中，能量表现为系统的内能，它是系统内各分子无规则运动的动能、分子间相互作用的势能、原子和原子核内的能量的总和，但不包括系统整体运动的机械能。至于热运动能（热能），人们是通过它与机械能的相互转换而认识的。

空间属性是物质运动的广延性体现，时间属性是物质运动的持续性体现，引力属性是物质在运动过程中由于质量分布不均所引起的相互作用的体现，电磁属性是带电粒子在运动和变化过程中的外部表现等。物质的运动形式多种多样，每一种具体的物质运动形式存在相应的能量形式。

宏观物体的机械运动对应的能量形式是动能，分子运动对应的能量形式是热能，原子运动对应的能量形式是化学能，带电粒子的定向运动对应的能量形式是电能，光子运动对应的能量形式是光能。除此之外，还有风能、潮汐能等。当运动形式相同时，物体的运动特性可以采用某些物理量或化学量来描述。物体的机械运动可以用速度、加速度、动量等物理量来描述，电流可以用电流强度、电压、电功率等物理量来描述。如果运动形式不相同，物质的运动特性中唯一可以相互比较的物理量就是能量，能量是一切运动着的物质的共同特性。

能量可以不用表现为物质、动能或是电磁能的方式而储存在一个系统中。当粒子在与其有相互作用的一个场中移动一段距离(需借由一个外力来移动)，此粒子移动到这个场的新的位置所需的能量便被储存起来。当然，粒子必须借由外力才能保持在新位置上，否则其所在的场会以推或者拉的方式让粒子回到原来的状态。这种借由粒子在力场中改变位置而储存的能量称为位能(势能)。例如，在重力场中往上提升一个物体到某一高度所需要做的功就等于物体的位能(势能)。

能量守恒定律表明能量不会凭空产生，也不会凭空消失，只能从一种形式转换为另一种形式，而能量的总量保持不变。任何形式的能量都可以转换成另一种形式。例如，当物体在力场中自由移动到不同的位置时，位能可以转换成动能。

物理学各个领域中有许多定律和法则，但它们的地位并不是平等的，而是有层次的。例如，力学中的胡克定律、热学中的物态方程、电学中的欧姆定律，都是经验性的，仅在一定的参量范围内对一定的物质或材料适用，这些是较低层次的定律。引领整个经典力学的是牛顿定律，引领整个电磁学的是麦克斯韦方程组，它们都是物理学领域中的基本规律，层次更高。

超过了弹性限度，胡克定律不成立，牛顿定律仍有效；对于晶体管，欧姆定律不适用，麦克斯韦方程组仍成立。是否还有凌驾于这些基本规律之上的更高层次的法则？能量守恒定律就是这样的法则。由时空对称性导出的能量、动量、角动量等守恒定律，是跨越物理学各个领域的普遍法则。

上述基本观念是物理学科观念体系中最基础的，是深入认识物质的性质和运动规律，以及形成更高层次物理学科观念的前提和基础。随着知识经验的丰富和认知水平的提高，学生对物理学科的认识在不断深化，形成的物理学科观念也在不断丰富、发展。同时，物理观念从学科的角度论证了辩证唯物主义关于物质世界存在、发展、变化的哲学判断，丰富并加深了学生对物质世界的认识，有利于培养学生科学的世界观和方法论。

三、高中物理观念培养原则

物理观念的形成是循序渐进的，需要教与学的合理配合。

（一）客观性原则

物理观念是抽象的，其培养过程是复杂的。建构主义理论强调知识的客观性，物理观念的培养需要遵循物理知识的客观性。知识的教学以物理现象为起点，借助教学用具生动、直观地展示出来，从而得到物理概念和规律，通过模型建构和科学探究促进概念和规律的理解。同时，物理是以实验为基础的学科，实验教学能够培养学生构建模型的能力，让学生在学习过程中体验到“事实是这样”，理解“事实为什么是这样”。

（二）主体性原则

物理是以实验为基础的学科，在教学中要尽可能多地借助实验帮助学生理解知识，注重学生是学习过程的主体。教育教学的开展应强调以人为本的教学理念，教学的最终目的是培育全方位发展的人。学生是主体，教师主要起到引导作用，在教学实施的环节中，要关注学生对于概念和规律的理解，观察学生的课堂反应，依据习题等检测学生对概念和规律的理解。

教师不能替代学生去思考总结知识，要引导学生，尊重学生认知的主体性，让学生通过自己的体验和感悟，达到教学目标。学生通过自身的理解，主动思考，对知识的建构最为深刻，这样形成的思考分析能力也可以用到以后的知识学习中，形成迁移能力。

例如，在讲解简谐运动之前，教师先为学生展示树叶在风中摆动、钟摆的摆动、心脏的跳动、声带的振动等小视频，请同学根据自己的观察与学过的知识，总结什么样的运动是机械振动，引导他们得出机械振动的特征，而不是由教师直接给出机械振动的定义。

（三）循序渐进原则

物理观念的形成是循序渐进的，需要基于学生已有的认知不断完善。学生的学习能力存在差异性。差异性包括两个方面：一是学生在不同阶段的认知存在差异，二是学生个体之间存在差异。高中阶段不同年级的学生对于知识的理解能力不同：高一学生对于抽象概念和规律的接受能力相比于高二、高三学生还处于初级水平。高一阶段主要接触的是物质观、运动与相互作用观，相对简单。作为高中物理的基础部分，需要针对知识点的特点和学情进行教学策略的设计与教学环节的安排。需要注意的是，物理观念的建构不是一蹴而就的，学生的认知与思维能力不断提高，学习的内容不断丰富，积累的概念和规律等不断丰富，逐步地促进物理观念的建构。

学生个体间学习能力的差异导致学习成绩有高有低。在进行物理观念教学时，就要考虑物理观念的层次性，从低层次的物理观念教学逐步提高到高层次的物理观念教学，从简单到复杂，从具体到抽象。物理观念的培养应呈螺旋上升，注重学生的差异性，因材施教，遵循学生的认知发展规律。

知识的学习是呈螺旋上升的方式进行的，从初级状态到高级状态。同样，物理观念层级模型的建构也是从基础观念到核心观念，继而形成子观念的过程。例如：学生在必修第一册学习了石块从高处落下，因受到重力作用做自由落体运动；在必修第二册学习了月球绕地球运动，是因为受到万有引力作用。那么,学生就会领会到任何形式的运动都存在与它相对应的作用力。由此可见,物理观念的培养是循序渐进的。

(四)创新性原则

利用多种教学手段辅助教学,既能在课堂上吸引学生的注意,也可在无形之中培养学生的学习兴趣,提高学生学习的积极性。物理概念和规律属于物理层级模型的最低层级。在以往的教学中,大多数教师直接给出概念和规律,让学生死记硬背,这种教学方法导致学生对物理的学习失去兴趣。爱因斯坦曾说过,爱好是最好的老师。教学中应注重实验教学的开展,借助新兴教学设备,开展有趣的探究实验课,创新物理实验的方案设计,借助经典实验建构学生的思维,培养学生的创新意识,逐步使学生理解概念及形成观念。

第二节　高中物理观念的培养策略和方法

一、高中物理观念的培养策略

观念是在精心组织和真实开展的活动中形成的。学生通过物理概念、物理规律等内容的学习及运用才能逐步形成物理观念。学习概念和规律是学生形成物理观念的基础。学生通过对物理概念和规律的逐步学习、系统反思和迁移应用,可促进物质观念、运动与相互作用观念和能量观念不断发展,并学会用这些物理观念解释自然现象,解决生产生活中的实际问题。

(一)融入物理学史,感知物理观念的作用

融入物理学史,能够帮助学生从众多概念、规律、定律、公式中跳出来,以知识和技能为基础,研究真实、典型的科学过程,理解物理课程的教育价值。在物理教学中引用物理学史料,能使学生了解物理观念的变革,深刻领会物理学思想方法的真谛;阐述物理学的发展,能使学生理解物理学理论范式变革与物理观念转变的一致性,了解物理学中复杂的数学公式和定义等都只是物理观念的表达形式和演绎工具,物理观念才是先导的、本质的。

(二)加强知识学习,促进物理观念的形成

物理观念源于具体的物理知识,但不等同于具体的物理知识。它不是具体知识的简单积累,而是对具体知识的概括提升,具有超越事实的持久价值和迁移价值。物理学中的核心概念及其涵盖的具体知识充实、发展着物理观念的内涵,是形成物理观念的基础和源泉。物理观念对物理知识具有自上而下的引领作用,能赋予具体知识一定的能动性和灵活性。若缺乏物理观念的引领,物理知识就难以有效地迁移和应用。可见,二者之间是相互依存、相互促进的。因此,加强物理知识的学习,能够促进物理观念的形成。

(三)亲历探究体验,实现物理观念的内化

物理观念的形成是认知性的,更是体验性的。物理观念不能通过记忆物理知识自发形成,而需要学生在积极主动的探究活动中深刻理解和掌握有关的物理知识,在对知识的理解和应用中不断概括提炼。教师需要抓住一些能有效形成物理观念的核心概念以及能形成这些核心概念的典型物理模型,充分调动学生的思维,使学生在积极主动的探究过程中深刻理解相关的知识,通过在具体情境中的迁移应用,不断提高头脑中知识的整体性和概括性,实现物理观念的内化。

(四)创设物理情境,激发学生兴趣

创设良好的教学情境,对教师来说,可以促进培养学生物理观念的进程与效率;对学生来说,可以促进知识结构的建立与物理观念的发展。创设良好的教学情境,是培养学生物理观念的必要方法与手段。目前高中物

理课堂存在的较大问题就是学生的物理学习兴趣较低、学习效率不高、教学活动不易有效展开。创设适当的物理情境,既可以营造良好的课堂氛围,又可以激发学生的学习兴趣以及求知与探究的欲望,对物理教学的顺利进行具有很大的帮助。在创设物理情境的时候,可以通过物理实验、新旧知识衔接、现实生活实际以及现代信息技术等进行。

(五)关注核心概念,建构物理知识

奥苏贝尔认为有意义学习的心理机制是同化。同化理论可以理解为将大概念作为同化过程中的上位学习,这就强调了在建构物理知识体系的过程中关注核心概念的重要性。核心概念是指处于核心地位的科学概念或观念,对促进学生建立物理知识体系具有重要作用。物理概念教学时,主要从物理概念的意义、内涵、外延、关联等方面进行教学。教师在进行概念教学时,要从核心概念的角度来建构。

(六)重视认知发展,形成科学认知

皮亚杰认知发展理论的四个阶段中,形式运算阶段应是大部分高中生所处的阶段。在物理教学过程中,教师要遵循学生的发展规律。传统的教学以教师为中心,给学生灌输知识,忽略了学生的主体性,制约了学生物理核心素养的发展。依照皮亚杰认知发展理论,要让学生积极参与到课堂活动中,促使学生通过对新知识的同化与顺应,使知识建构到达新的高度。通常,在教学前学生对生活中的一些物理现象已经有了自己的认知和看法,我们称之为前概念。并不是所有的前概念都是正确的。如对速度、摩擦起电、温度这些直观的物理现象,学生会有相对正确的理解,教学也会相对容易。但如牛顿第一定律,根据生活常识,学生会误以为力是维持物体运动的原因,这时教师就要引导学生清除错误的图式,建立新的正确图式。又如电场强度、磁场强度这种抽象的概念,学生可能完全没有前概念,这时教师就要化抽象为具体,逐步帮助学生通过顺应建立新的图式。

(七)进行物理实验,提高学生素质

物理是以观察和实验为基础的学科。高中物理的教学离不开实验,物理实验是高中物理教学的基础、内容、方法和手段。物理实验可以激发学生的学习兴趣,促进学生思考,提高学生的实验操作与探究能力,促进学生物理核心素养的提升。

二、高中物理观念的培养方法

物理课程在重视科学知识积累的同时,还应重视学生主动参与知识探究的全过程,加强学生实践和实验能力的培养,强调科学方法和科学思维习惯的养成。基于这些认识,物理课程的设计应注重把培养学生的物理观念贯穿于物理教学的全过程,探讨研究物理观念培养的途径和方法。

《义务教育物理课程标准》指出:“在义务教育阶段,物理课程不仅应该注重科学知识的传授和技能的训练,注重将物理科学的新成就及其对人类文明的影响等纳入课程,而且还应重视对学生终身学习愿望、科学探究能力、创新意识以及科学精神的培养。”《普通高中物理课程标准》则指出:“高中物理课程旨在进一步提高学生的科学素养,从知识与技能、过程与方法、情感态度与价值观三个方面培养学生,为学生终身发展、应对现代社会和未来发展的挑战奠定基础。”无论是义务教育阶段还是普通高中阶段,物理学科强调的知识掌握、能力培养、方法训练、素养提升、精神塑造、兴趣培养等都需要学生通过物理观念的形成和内化来体现,需要将对物质观、运动观、相互作用观、能量观的了解、理解、掌握作为培养载体。因此,对学生物理观念的培养是物理教学的基本工作。

(一)培养学生物理观念的途径

1.课堂是物理观念形成的关键场所

第一,加强“双基”学习,让学生获得系统的物理学知识。知识的传授是物理教学最基本的任务。教师需在整体性和系统性的指导下传授物理学知识,在学科思维方式上下功夫,教会学生如何学。

第二，渗透物理学史教育，了解物理知识的来源。物理学史是一部不断创新的历史。物理学史既蕴含物理学知识，也蕴含科学思维及科学方法，体现着科学态度和科学精神，是对学生进行全面科学教育的重要资料。物理学史包含了大量的科学思维形成和发展的案例，与高中物理教材紧密相连，容易激发学生的学习兴趣。教师应认真设计，将物理学史穿插在教学中，不仅能使教学内容更加生动，也是培养学生物理观念的重要方法。

第三，学习生活中的物理知识。教师应密切联系生活实际，注意身边的科学。例如，学生普遍对现代电子信息技术感兴趣，教师可以有意识地讲述物理知识在电子信息技术中的重要作用等。教师应该经常提醒学生，科学就在身边，以此来增强学生的物理观念。

2.通过实验教学培养学生的物理观念

在物理教学中，物理观念的教育要“从物到理”“识物讲理”。各种物理实验中都应有计划地渗透物理观念的培养。

物理实验可分为两种：一种是验证性实验，即用实验来验证理论；另一种是探索性实验，即用实验来探究未知的结论。验证性实验可用过程式教学方法，也就是让学生主动参与获取知识的过程。学生在实验过程中，了解实验目的、实验步骤及其理论依据，观察实验现象，从而得出结论。学生通过实验学习科学研究方法，同时也能在实验中培养科学态度和物理观念。

探索性实验能激发学生的好奇心和钻研精神。通过教师引导，学生利用正确的实验方法，采取有效的实验步骤，从实验中探究结论。学生通过探索性实验可以更好地学习科学探究方法，促进思维和能力的发展，从而提高科学素养。

3.综合实践活动是学生形成物理观念的重要途径

学生生活于现实世界中，生活于自然中。综合实践活动能加强学生对自我、社会和自然之间内在联系的整体认识与体验，增强学生对自然的关爱，对社会、对自我的责任感。学生从日常生活中主动地发现问题并独立地解决问题，能够发展学生的实践能力及对知识的综合运用能力和创新能力，养成合作、分享、积极进取的科学品质。物理课程中有着丰富的综合实践活动资源，编入了大量研究性学习课题。教师可引导学生按照科学研究的一般过程，运用调查、测量、文献资料搜集等手段，收集大量的研究资料或事实资料，采用实验、实证等研究方法进行课题研究，培养学生的物理观念。

4. 校本课程是学生形成物理观念的必要补充

结合学校或地方的特定环境和资源特点，开发适合学校特点和学生实际的校本课程，是学生形成物理观念的必要补充。物理类校本课程可从物理与生活、物理与人类、物理与环境、物理与军事、物理与航天、物理与信息等多个角度，对学生进行物理科普知识的宣传和教育，使学生对物理学科的发展现状、未来前景有一定的认识，对物理研究的观念、观点、态度、方法有进一步的了解，使学生的物理观念得到提升。

（二）培养学生物理观念的基本要点

物理教育不单指常规的物理教学，还包括各种与物理知识有关的活动，如科普宣传活动、科技发明与小制作、网络科技活动、研究性学习、社会调查、小论文、课外兴趣小组活动、物理游戏、物理故事会、物理讲座等。在物理教育过程中，培养学生的物理观念除了要遵循一般的教学目标和教学原则外，还应突出以下几个方面：

1. 提高学生基础学习能力，促进物理观念持续提升

物理教育在培养学生物理观念的同时，还要注意学生自身的学力水平，使更多的学生对物理产生兴趣。学习能力有四个组成部分：①知识理解；②技能；③思考力、判断力；④关系、动机、态度。前两部分为显性学习能力，后两部分为隐性学习能力。物理观念的形成要依靠学习能力的支撑，在物理观念形成的同时，学习能力也得以进一步提升。在物理教学中，教师要遵循课程教学目标实施教学，在培养学生物理观念的同时不断提升学生的学习能力。

2.注重从科学的本质把握物理观念的内涵

人们通常把物理教育仅仅理解为物理知识的传授,把物理观念仅仅理解为具有一定的物理知识。在我国的传统教育中,也把基础知识与基本技能作为科学素养的唯一内涵。这种认识显然是有局限性的。倘若教师在科学教育中仅仅强调科学事实,那么学生就会认为科学是事实的堆积;倘若教师只强调科学的概念,那么学生就会以为科学是一连串概念的概括;倘若教师只强调科学的原理,那么学生就体验不到科学探究的过程和科学对自然现象的解释与预见功能。因此,物理教育如果不能超越事实、概念与原理的局限,是难以促进学生物理观念形成的。

3.突出科学探究,着力培养学生的科学探究能力

学生形成物理观念离不开科学探究过程。物理课程应当突出科学探究的学习方式,注重创设学习情境,为学生在教师的指导与帮助下自己动手、动脑,主动进行科学探究提供充分的条件,使学生在科学探究的实践中,在感受、领悟和理解的学习过程中实现科学素养的培养目标,而不是被动地接受一些科学的结论。科学探究能激发学生的学习兴趣与求知欲,使他们体验探究过程的喜悦与艰辛,培养科学精神;科学探究能促进学生主动学习科学知识与技能,习得科学探究的思维方式和方法;科学探究还有利于学生更多地接触自然和社会,从而领悟科学、技术、社会与环境的关系。

物理观念的培育并非易事,而是一项长期而艰巨的工程,不仅需要物理教师的努力,也需要所有的教育工作者相互协作、共同努力。物理教学应注重教学内容的有机融合,注意方法上的灵活性和形式上的多样性,全方位地提高学生的能力,为他们将来更好地服务社会打下良好的基础。

(三)培养学生物理观念的注意事项

1.教师必须努力提高自身的科学素养

在过去很长一段时间,教师把主要精力放在学科知识的教学方面,很少考虑对学生进行科学素质的培养,更谈不上培养学生良好的物理观念。

因此，教师首先必须努力提高自身的科学素养，除掌握本学科知识外，还需学习社会科学、教育科学、思维科学等知识，从而更好地对学生进行物理观念的培养。

2. 坚持正向引导，学习科学方法

自然界存在不同物质形态、不同运动形式，各个系统之间通过物质、能量与信息的交换而发生相互作用，并且相互交织、渗透，为我们展示出一个瞬息万变、绚丽多彩、多样统一的面貌。在物理教育中，要引导学生从纷繁复杂的自然现象中，通过观察、分析去探究规律，认识并应用规律，而不是死记一个个定义、公式与定理。

3. 防止科学方法教育程式化

科学是一个具有可验证性、真理性和开放性的系统。由于人们认识的局限性，在一定历史条件下，人们所获得的关于自然界的科学知识只能是相对真理，只能在一定的条件下与范围内适用，如牛顿力学。随着客观条件的变化和人们认识能力的提高，科学知识会不断发展与进步，新的实验现象常常会对已有理论提出挑战。例如，在物体做高速运动的情况下，牛顿力学由相对论来代替。科学是一个开放的系统，在科学教育中必须重视科学实验与逻辑思维能力的培养，既要引导学生认真学习已有理论，又要防止学生把它视为永远不可逾越的认识顶峰，从而扼杀学生对科学的进一步探索。科学方法不是一成不变的，科学方法教学也不应程式化。

4. 在进行科学方法教育的同时，注重学生科学道德的培养

科学是理智的探索与追求，科学是实事求是的事业，创新是科学的生命。这就要求科学家必须具有求真、理性、务实与创新的科学精神，自觉接受科学道德的约束。在教学中，不应把科学精神与人文精神分开，而应统一起来，与其他课程和教育环节一起，共同为提高学生的思想道德素质与社会责任感而努力。

第三节　高中物理培养物理观念素养的教学设计

物理观念作为物理核心素养的第一个要素，是对物理知识的整合和提升，要求学生不仅要理解和掌握物理知识，还要将所学习的大量具体知识围绕学科核心概念整合内化，并在此基础上形成对物质世界的整体认识，即形成物理观念。

物理观念不可能通过记忆大量物理知识自发形成。物理观念的形成需要学生在积极主动的探究活动中，深刻理解和掌握有关的物理知识、核心概念，在对知识的理解和应用中不断反思、概括、提炼。物理观念的形成需要两方面有机结合：一方面，从形成物理观念所需要的素材来看，必须有合适的、能有效形成物理观念的核心概念，以及能形成这些概念的典型物理知识；另一方面，从物理观念形成的过程来看，必须充分调动学生思维的积极性，使学生在积极主动的探究活动中，深刻理解相关的物理知识和核心概念，并通过在具体情境中的迁移应用，不断提高学生头脑中知识的整体性和概括性。

一、设计培养物理观念的概念课

任何课堂都少不了教师课前精心的准备。一般来说，教师的准备工作以教材为依据，以学生为根本，以教法为关键，笔者选取其中五个较为重要的环节说明概念课具体该如何设计。

（一）教材分析

教材是一门课程的根本，是教师教学的基础，也是学生学习的依据。在概念课的教学中，首先要明确每一堂课对应的教材中有哪些物理概念，分别属于物理观念的哪个范畴，检查教学内容的科学性。其次，讨论教材中某个概念的得出是否符合学生的认知结构，是否突显学生的主体地位，是否在逐级推进地建构学生的观念体系。再次，鉴于物理观念体系包含面较广，应分析教材中概念的编排在整个物理观念体系中是否连续且层次分明，教材编排的顺序是不是有利于学生将前后所学物理观念联系并整合，倘若不合适，教师可以根据观念的框架对教材的安排适当做出调整。

（二）学情分析

学生是教师教学的对象，是课堂的主体。建构主义认为，学生“跳一跳”能达到的目标是最合理的。概念课教学重在分析学生的前概念、头脑中相关概念的框架、对某个概念对应观念的掌握程度和水平层次，以及体现该概念的生活经验，基于准确的起点设置合理的教学目标；研究学生身体、心理、认知上的发展情况，了解学生的性格、喜好，如果学生产生了学习兴趣，必然收效甚佳；寻找学生熟悉的生活情境，以便创设简洁的生活问题，缩小学习新概念的跨度，建立科学的教学环节。

（三）教学目标

在2017年版课程标准发布之前，我国各学科的教学目标都是三维目标，而核心素养目标实质上是对三维目标的拓展、完善。物理观念是核心素养目标中的一个方面，它依托于“知识与技能”，又高于“知识与技能”。

概念课在设定物理观念教学目标时，第一原则仍然是以学生为中心。物理观念的构建并非一蹴而就，必须具体到每一节课的教学目标中，且每一节课的教学目标必须具有较强的连续性。概念课的最终教学目标是提高学生解决实际问题的能力。

（四）教学重难点

概念课教学重点主要取决于本节课的概念在物理观念体系中的地位和作用，然后思考本节课有哪些因素对提高学生问题解决能力至关重要，这些因素是否可以通过教学转化为学生意识和观念。学生已有的观念也是确定教学重难点的一个重要方面。教师应从建构主义学习理论和人本主义学习理论出发，评估学生现在的物理观念水平，了解学生已有的概念，研究实现目标需要什么程序，有哪些阻碍学生观念发展的困难，如何有效克服困难，向目标靠近。确定好教学重难点，才能有的放矢，才能更好地培养学生的物理观念。

（五）教学过程

物理概念的教学应该以生活中常见现象为起点，以学生运用物理概念解决不熟悉的问题为终点。在教学的引入环节，可以选择情境教学法，借助生活场景，激发学生的学习兴趣。通过学情分析，发现学生对某一概念已有一些前概念但是存在偏差时，则可以通过设置矛盾实例引发学生思考，从打破错误认知开始引入问题，再由后续的学习重新建立概念，完成同化和顺应。

在概念建构的环节，要强调学生的主体性，教学方法以探究式教学为主，实验法和问题教学法穿插其中。一些概念的形成是通过科学探究和实验而得来的，在教学中应尽量还原其过程。通过情境引入问题之后，展开科学探究，教师提问、引导，学生自主提出方案、设计实验等。在概念课中，实验教学不是主要内容，更多是用来辅助学习某一概念。因此，可以选择一些器材和操作简单的低成本实验，最好是以生活现象为原型，以生活常见物品为原材料。在实验过程中，应尽量给予学生操作的机会，增强学生的感性认知，缩小建构新概念的跨度。

也有部分概念的产生过程无法让学生亲自体验，比如经典力学和狭义相对论。很多教师对此一笔带过，笔者认为这恰恰是培养物理观念的重要素材。具体的处理方式可以是：教师提出问题，学生提前阅读书本或自行搜集资料，对相关内容进行整理，然后在课堂上分小组辩论或小组内相互交流。一方面，让学生提前对新学概念有一定了解，减少对教师的依赖，提高学生自主学习的能力；另一方面，在搜集、整理资料，同学相互交流合作的过程中，加深对概念的理解，了解概念的前因后果，强化观念系统。同时，教师也要及时了解学生的学习准备情况，观察学生物理观念的变化情况。如果学生的观念出现偏差应及时纠正,确保学生在课堂结束后树立正确的物理观念。

完成观念的建构之后,还可以在总结反馈环节予以强化。传统的课堂中,教师经常将本节课学习的内容罗列出来,学生则机械地将内容抄写在书本上。这就存在两个问题:第一,没有思考或体现某一概念在物理观念体系中的位置,没有展现内容的逻辑关系。这样的学习是机械的、零散的,学生很难形成系统的物理观念。第二,物理观念教学的最终目标是解决实际问题,作为教学的最后一个环节,必然要升华到运用物理概念解决问题的层次,显然这种传统的教法是达不到的。物理来源于生活,又应用于生活。课前可以借助生活情景引入概念,最后也可以以一个物理实际问题来结束某个概念的学习。在创设物理实际问题时,要注意问题的真实性和开放性。很多物理习题为了追求答案的唯一而将题目条件设置得过于理想化,反而束缚了学生的思维,让学生在面对真实多变的生活问题时手足无措。

总而言之,物理概念课教学应从系统的角度看待教学内容,强调学生的主体性、体验感,关注学生的认知特点,体现学习与生活的联系,将物理与实际结合。

二、培养物理观念的概念课实例

在这一节以“速度”“自由落体运动”“摩擦力”“超重与失重”四个教学案例来说明教学流程设计。

选择这四个案例的原因在于这几节内容涉及一些位于关键节点的物理观念。第一个案例是“速度”。它是学生建立运动观念的开端。从初中阶段认识速度,到速度有方向,再到瞬时速度、速率,学生的运动观得以发展。本节课让学生从生活中去完善对运动的认识,并能从物理学的角度去认识世界、解决问题,将抽象物理观念与生活事实结合,为学生探究更复杂的物理概念提供关键工具。第二个案例是“自由落体运动”。自由落体运动在生活中很常见,此前学生已经认识了位移、速度、加速度等描述运动的概念，掌握了匀变速直线运动的常见规律，自由落体运动实质上是匀变速直线运动的特例。本节课对匀变速直线运动的观念加以运用，促进学生用物理概念解释常规现象，使学生的运动观达到更高层次。第三个案例是“摩擦力”。摩擦力是一种重要的力，是相互作用观念重要的组成部分。同时，摩擦力在生活中普遍存在，学习摩擦力可以体现相互作用观念在生活中的应用。第四个案例是“超重与失重”。超重与失重现象可以说是两个新的概念，是对牛顿运动定律的应用，而牛顿运动定律是运动观和相互作用观的结合，因此本节课对物理观念的发展有重要意义。

（一）“速度”教学案例

1. 教材分析

“速度”为2019年人教版高中物理教科书第一册第一章第三节，本节课的内容可以说是高中物理运动观培养的起点。速度是学生在高中阶段学习的第二个矢量，在教学过程中，要强调速度是有方向的、平均速度与平均速率的区别、平均速度和瞬时速度的联系。教材并未提及平均速率这一概念，需要教师做出合理的调整，拓宽学生原有的运动观。

2. 学情分析

高一学生学习“速度”之前，已经对速度的概念有了初步认识，有基本的运动观念。随着学生思维能力的提升，物理概念不断演变，学生的知识体系不断更新。高中对速度的定义由“路程与时间的比值”变为“位移与时间的比值”，由标量变为矢量。关于速率与速度、平均速度与平均速率等物理概念的关系，需要从生活中的实际问题出发，引发学生的思考，从而更进一步进行理解和区分。

3. 教学目标

2017年版高中物理课程标准对“速度”在物理观念素养方面的基本教学要求是：理解速度，能运用其解决实际问题。学习本节内容后，学生要理解速度的概念，能够区分速率与速度，能够正确使用平均速度和瞬时速度解释生产生活中有关的物理现象。

4. 教学重难点

本节内容的重点是速度和瞬时速度的概念，难点是速度有方向以及瞬时速度如何获得。

5. 教学片段展示

(1)片段一：建立速度的概念

师：同学们都参与或观看过校运会，现在有六位运动员在百米赛跑中的测试数据(表3-1)，我们如何判断A和B、C和D、E和F的快慢呢？

表3-1 百米赛跑成绩

运动员	初始位置/m	末位置/m	运动时间/s
A	0	100	12
B	0	100	15
C	0	65	8
D	0	50	8
E	0	85	10
F	0	95	13

生：A比B快，C比D快。

教师请学生思考讨论如何比较E和F的快慢，发现跑得快的同学单位时间内通过的位移大。

设计意图：初中已经学过“速度”这一物理量，对运动快慢已经有了一些认识，已经形成了基本的运动观念。此部分创设学生熟悉的运动会赛跑的情境，在选择情境上充分考虑到学生的形象化认知程度。用表格的形式表述简洁、清晰，作为引入环节，不占用太多时间，符合教学环节简洁、科学的教学原则。对部分观念进行回顾，即初中时描述运动快慢用速度，高中仍然用速度，但是“速度=位移/时间”，凸显速度是一个矢量，实现了对速度只有大小的运动观的修正。

(2)片段二:建立平均速度的概念

师:请同学们计算每一位运动员的速度。在百米赛跑过程中,某位同学运动的快慢一直相同吗?

生:运动员在百米赛跑中,开始越来越快,中间一段慢下来,最后冲刺阶段又很快。

师:既然运动过程中速度是变化的,那么我们求得的速度是什么速度?有什么意义?

生:平均速度,反映大概运动情况。

师:我们如何描述运动员在某一时刻运动的快慢和方向呢?

设计意图:继续利用百米赛跑的情境,在得出速度概念的基础上,通过学生已有的生活体验和教师引导,学生自行发现平均速度,理解平均速度。问题教学法和情境教学法相比于直接灌输能更好地在学生头脑中形成概念,帮助学生发展运动观念,从描述运动的快慢发展到描述整个过程运动的快慢以及某一时刻运动的快慢。

(3)片段三:建立瞬时速度的概念

教师演示用光电门测量小车速度的实验,将气垫导轨倾斜放置,两个光电门置于斜面上不同位置,光电门与电脑相连,小车上安装了遮光条,从斜面顶端滑下,初速度为0,记录遮光时间,通过贴宽度不同的黑纸片改变原遮光片的宽度。重复上述实验,然后请学生算出每一次实验中A点的速度。数据如表3-2所示。

表3-2　气垫导轨实验数据

次数	挡光片挡光时间/s	速度/(m/s)
1	0.070	0.5035
2	0.060	0.5030
3	0.050	0.5025
4	0.040	0.5020

续表

次数	挡光片挡光时间/s	速度/(m/s)
5	0.030	0.5015
6	0.020	0.5010

师:你认为哪一次实验更接近小车经过A点的真实速度?

生:第6次实验的数据更接近。时间越短,越接近小车经过A点的真实速度。

师:请同学们思考讨论,在这个实验中我们是如何获得某一时刻的速度的?

生:不断缩短时间,当Δt非常小的时候,平均速度接近某一时刻的速度。

师:此时的速度就是瞬时速度。

设计意图:瞬时速度概念的建立是本节课的难点,对于学生而言,要形成一个新的观念。从一线教师的反馈中了解到,直接用数学方法即用极限的思想得出瞬时速度的概念,学生难以理解。整理相关习题发现,光电门实验在考试中出现较多。借助光电门实验来突破难点,直观的数据能激发学生的感性认识,学生从具体实验数据中更易发现瞬时速度与平均速度的联系,符合以学生为本的教学原则。

(二)"自由落体运动"教学案例

1.教材分析

人教版高中物理教材第一册中"匀变速直线运动"这章是构成高中物理运动观的主要部分,"自由落体运动"位于这章的第四节,是本节课的主要概念,也是匀变速直线运动在生活中的应用,极大程度体现了物理概念和生活常见现象的关联,既是对运动学已有观念的实践,又是提升物理观念素养的重要节点。

2. 学情分析

自由落体运动是生活中常见的运动，在此之前，学生已经学习了运动学相关的基本物理量和规律，具备了一定的实验探究能力，因此这一节内容对学生而言学习难度不大。但是并非所有生活经验都符合物理规律，在自由落体运动中，学生很容易产生一个误解，即重的物体比轻的物体下落得快，需要教师引导学生进行自主探究，形成准确的物理观念。

3. 教学目标

2017年版高中物理课程标准对“自由落体运动”在物理观念素养方面的基本教学要求是：通过实验，认识自由落体运动；查阅资料，了解伽利略在研究自由落体运动方面的探索和成果。学习本节内容后，学生要了解空气阻力影响落体运动的快慢，理解自由落体运动的概念以及自由落体运动的加速度（自由落体加速度），将自由落体运动观念整合到运动观体系中去，并能够解释生产生活中与自由落体运动有关的物理现象。

4. 教学重难点

本节内容的重点是理解自由落体运动以及自由落体加速度，难点是不同物体自由下落的快慢相同。

5. 教学片段展示

（1）片段一：建立落体运动的概念

师：近年来，一款“绝地求生”的手游在年轻人中十分流行。

教师向学生展示游戏中人从飞机上跳伞到落地的画面，请学生说明这个运动的特点。

学生积极地参与讨论：受重力的作用，从静止开始运动，在空气中运动。

教师顺势引出新课：这样的运动都称为落体运动。

设计意图：抓住学生喜好的课堂必然能吸引学生，达到更高效的教学。熟悉的情境能够引发学生的感性认知，教师辅以启发性讲授，学生从感性认知过渡到理性认知，距离在头脑中形成自由落体运动的观念更近了一步，符合科学性原则。

(2)片段二:建立轻重物体下落快慢一样的概念

师:为何物体下落有快有慢?

生:质量越大的物体下落越快。

教师准备两张一样的纸和一节粉笔,请同学们设计一个实验,探究影响物体下落快慢的因素。

学生在教师的提示下完成实验,观察对比实验现象:纸团与纸片虽质量相同,但纸片后落地;粉笔头虽质量比纸团大,但二者同时落地。学生发现质量不是决定物体下落快慢的因素,打破了学生之前的认知,并重新建立认知:倘若物体受到的空气阻力相同,下落快慢应该一致。

学生课前收集资料、阅读书本,了解亚里士多德和伽利略对物体下落快慢的研究。课堂上分小组辩论,将一个班的学生分为两个组,一方代表亚里士多德,另一方代表伽利略,组内交流讨论各自所代表的人物是如何研究自由落体运动的,再派一名代表说明本组的观点以及论证方法。通过物理事实验证质量不是决定物体下落快慢的因素,完善学生的运动观念。

设计意图:在分析图片的基础上引出落体运动,依据教学内容连续性原则和教学过程简洁性原则,利用该情境引发学生思考运动快慢的问题。学生由于刻板印象觉得重的物体一定下落更快,采用重走科学家探究之路和学生参与低成本实验的策略,纠正错误观念,建立轻重物体下落一样快的运动观。

(3)片段三:建立自由落体运动的概念

师:在没有空气阻力的环境中,从同一高度释放的物体的运动情况是怎样的呢?

学生猜想:同时落地。

教师对这样的回答给予鼓励,并展示实验仪器——牛顿管,创造一个接近真空的环境,让学生观察牛顿管内毛线、羽毛和铜钱的下落情况。学生发现在真空中物体下落快慢几乎相同。通过牛顿管实验,巩固了空气阻力是造成不同物体落下过程中速度有快有慢的根本原因。

师：根据前面的实验，我们发现做落体运动的物体在忽略空气阻力的情况下只受到重力，这样的运动称作自由落体运动。

学生总结概念，建立物理观念。

设计意图：学生通过实验完成了物理观念的构建，遵循教学过程以学生为本的原则。

（三）“摩擦力”教学案例

1. 教材分析

本节内容选自人教版高中物理第一册第三章“相互作用”第二节。摩擦力是学生在高中学习的第三种力，是对学生相互作用观的强化和丰富。初中阶段也学习过摩擦力，高中阶段更注重静摩擦力的学习。

2. 学情分析

学生在初中时已经对摩擦力有了一定的认识，形成了基本的相互作用观，但是学生对于相对运动的理解并不透彻。学生对静摩擦力接触较少，因此静摩擦力的概念、形成条件、大小是本节内容的重点。

3. 教学目标

2017年版普通高中物理课程标准对“摩擦力”在物理观念方面的基本教学要求是：领悟摩擦力的概念、条件，准确判断、区分滑动摩擦和静摩擦现象。学生通过生活中与之相关的现象，理解滑动摩擦力和静摩擦力的条件、区别，体会生活中摩擦力带来的益处和坏处，培养学生应用相互作用观解决实际问题的能力。

4. 教学重难点

本节内容的重点是滑动摩擦力的概念及产生条件，影响其大小的因素；难点是静摩擦力的概念、最大静摩擦力的概念。

5. 教学片段展示

（1）片段一：建立滑动摩擦力的概念

教师用木板拼接制成简单的实验器材。将斜面置于桌面，小车从斜面顶端滑下。学生观察小车的运动情况，发现小车不能一直在水平面上运动下去。教师请学生分析其中的原因。

生:物体受到了桌子的作用,限制其前进。

教师让学生将手平放在桌面上水平推进,寻问学生有什么样的感受。

生:感受到桌子在阻碍手前进。

师:请同学们从上面两个实例分析什么条件下会产生这种力。

生:两个表面粗糙的物体彼此挤压且相对彼此发生了运动就会产生这种力。

师:这就是摩擦力。

设计意图:利用低成本实验,让学生从视觉、触觉对摩擦力形成感性认识,亲身体会物体间的相互作用,由学生自己分析摩擦力,从而形成一定的相互作用观,遵循学生的认知规律,体现以学生为主体的教学原则和科学性原则。

(2)片段二:建立静摩擦力的概念

师:当做双手推桌面的动作时,手不动,有何感觉?

学生体验到当手有动的趋势但实际没有动时,受到了来自桌面的阻碍。

师:这就是静摩擦力。

教师演示将纸条夹入书脊后能够提起课本,请学生利用纸带和课本自行尝试。

师:这是什么原理?

在实验中,有些同学失败了。学生通过交流讨论发现:若仅接触但不夹紧时,纸带并不能提起课本;想要用纸带提起课本,必须用书脊夹紧纸带。因此,学生得出结论:该实验成功的诀窍是接触且有挤压,原因是产生了静摩擦力。

教师演示实验:将物体放在极度光滑的斜面上,物体会下滑。请学生铺上毛巾,观察物体的运动情况。

思考:斜面上的物体有怎样的运动趋势?为何铺上毛巾后物体不运动了?阻碍其相对运动的力方向如何?

生：铺有毛巾的斜面上的物体不滑动，说明接触面不光滑也是静摩擦力的必备条件之一。

教师演示实验：将斜面替换成水平面，铺上毛巾。

师：此时物块有没有运动的趋势？

斜面和水平面形成对比，学生得出静摩擦力的第三个产生条件：有相对运动趋势。

学生总结归纳静摩擦力的定义，教师将定义以填空的形式让学生完成，深化记忆。

设计意图：学生在初中接触过摩擦力，但对静摩擦力的概念较为陌生，因此设计了几个低成本实验，深化物理观念。辅以问题教学法、探究式教学法，帮助学生发现、理解静摩擦力产生的条件，逐步完善静摩擦力的定义。最后，以填空的形式归纳总结，完善摩擦力观念。

(3)片段三：建立最大静摩擦力的概念

教师演示实验：木块受到力的传感器的拉力但保持静止，大屏幕上显示拉力的大小。

学生观察示数变化和物体的运动状态。

教师缓慢增大拉力，木块依然保持静止。拉力增加到一定值时，木块运动。

师：木块之所以运动，是拉力的作用使静摩擦力达到极限，这个极限值就是最大静摩擦力。此刻力的传感器的示数就是最大静摩擦力的大小。

设计意图：力的传感器相对于弹簧测力计而言更精准、直观，用最直观的数据让学生认识最大静摩擦力。用实验教学法较自然地建立新的物理观念，有效突破了学习难点。

(四)“超重与失重”教学案例

1.教材分析

本节内容选自人教版高中物理教科书第一册第四章“运动和力的关系”的最后一节，是运动观和相互作用观的结合。学生在前面几节学习了牛顿运动定律及其简单应用。超重与失重是一组新的概念,但本质上还是对牛顿运动定律的应用,属于典型的综合运用物理观念解决生活实际问题。

2.学情分析

超重与失重在日常生活和航空航天中应用广泛,学生之前已经明确了运动与力的关系,掌握了最基础的变速运动的规律,并尝试根据牛顿运动定律解释生活现象。因为长期以来积累的生活经验,使学生形成了一些前概念,对学生造成了一定的干扰。教师要引导学生结合运动观和相互作用观对超重与失重现象的本质进行分析。

3.教学目标

2017年版高中物理课程标准对“超重与失重”在物理观念素养方面的基本教学要求是:在实验中生成关于超重和失重现象的理解,面对生活中的超重与失重现象可以做出正确判断,并结合牛顿运动定律分析、解释。

4.教学重难点

本节内容的重点是以牛顿运动定律为基础,分析超重与失重的概念,挖掘其实现条件;难点是利用运动观和相互作用观的结合解释生活中的超重与失重现象。

5.教学片段展示

(1)片段一:建立视重与实重的概念

师:这里有一台体重计,请一位同学上来称体重,另外两位同学读出体重计示数。再请该同学蹲下,另外两位同学观察示数变化。

学生读出某同学静止站立在体重计上的示数,随后看到示数在下蹲过程中先减后增。

师:这位同学是不是有改变自己体重的魔法呢?

台下发出笑声。

师:这位同学静止在体重计上的受力情况是重力与支持力平衡,此时的重力称为实重。按照一对相互作用力的特点，我们看见的体重计的示数实际上反映的是人对体重计的压力大小，这个压力称为视重。

设计意图：体重计是学生熟悉的物品，也是教师易获得的物品，把学生常见的物品带进物理课堂，以低成本实验培养学生的物理观念。称体重的经历学生都体验过，借助该生活场景能引起学生的共鸣，从生活经验和直观实验现象出发建立新的概念，拓宽相互作用观。

（2）片段二：建立超重与失重的概念

师：下蹲经历了哪些运动过程？每个运动过程中物体受力情况如何？

引导学生结合牛顿第二定律进行分析。

师：现在同学们知道什么是超重与失重以及对应的条件了吗？请同学们总结。

生：超重即物体有向上的加速度，所受支持力或拉力大于物体本身的重力。失重即物体有向下的加速度，所受支持力或拉力小于物体本身重力。

设计意图：充分利用生活情境，遵循教学简洁性原则。在教学过程中，通过层层推进的提问，引导学生发现新的概念、总结新的概念，使学生在情境和问题中建立相互作用观与运动观的联系。

（3）片段三：建立完全失重的概念

例题：一位高中生家住18楼，每日回家必须乘坐电梯。有一次，该同学用手机中的加速度传感器测得电梯加速上升的加速度是0.2 m/s^2，那么此刻该同学对电梯的压力是多少？（g取9.8 m/s^2）

学生完成例题。

师：请同学们思考，如果上升的电梯要停下来，电梯受到的压力是否发生变化？电梯下降的加速度能否达到9.8 m/s^2，会出现什么情况？

生：压力减小；该同学和电梯之间失去作用力。

师：这时物体之间没有相互作用，也就是物体不受支持力，这种现象叫作完全失重状态。

设计意图:利用较为真实的物理问题巩固新学的概念,培养学生利用物理观念解释生活中物理现象的能力,促使学生的观念水平向更高层次推进。同时,充分利用同一个物理情境,遵循教学环节简洁性原则,在失重的基础上建立完全失重的概念,教学内容紧凑、连续。

第四章　核心素养视角下的高中物理科学思维教学

第一节　培养科学思维的教学内容分析

科学思维是物理学科核心素养的重要内容，也是从物理学视角展现物理本质属性、挖掘物理内在规律、探究物理相互关系的主要认知方式。在高中物理教学中，科学思维应该是基于事实基础抽象概括的过程，是对物理问题进行综合、推理、论证的方法，涵盖质疑、批判、检验、修正等能力。

一、高中物理教学培养科学思维的意义

（一）有利于学生思维认知的发展

关注学生的核心素养是高中物理课程教育教学的重要内容，在高中物理教学中贯穿科学思维培养，是关注学生核心素养和能力的直观体现。在高中物理学科中渗透科学思维培养，可以有效提升学生的思维、逻辑、认知能力。从学科的性质特点上讲，高中物理讲求理性、科学、合理，学生在学习的过程中不断丰富自我，寻求解题之法，探索解题思路，提高解题能力，以更为理性、直观、科学、合理的方式进行理解、分析和解答。高中物理学科将科学的思维认知紧密联系起来，让学生在思考、分析的同时，发挥主观能动性，引导学生探究事物存在的逻辑和联系，以此激发学生更加理性、辩证、科学地进行理解和思考，培养学生更为全面的科学思维和理解能力。

（二）有利于学生掌握良好的学习方法

在高中物理学科中渗透科学思维培养有利于学生更好地成长。物理学

科具有客观、理性、科学的特点，科学思维可以很好地引导学生主动思考和理解，帮助学生从科学、客观、合理的角度分析和解决问题。学生可以将科学思维引入日常的学习中，在解答问题的过程中，充分思考，以科学的眼光看问题，探究其中存在的逻辑关系，掌握良好的学习方法，更加有效、科学地学习。

（三）有利于学生创新思维和探索精神的培养

高中物理课程需要科学思维的引导，物理学习离不开科学思维。物理课程注重理性与客观，尊重实际与发展，其中许多元素是紧密相连的。物理课程不单单是解决问题，还有探索问题和创新思考，这些都离不开科学思维与理解。在物理学习中，学生可以借助科学思维对问题进行分析和思考，在兴趣的驱使下形成创造性思维，不断丰富学生的认知，培养学生的探索精神，提高学生的综合素质与能力。①

二、高中物理教学培养科学思维的策略

（一）反思科学思维内涵，重塑科学思维培养目标

高中学生的思维方式、认知能力还处于转变期，对物理学的理解与课堂知识应用能力有限，教师在组织教学时应该按照学生的认知实际情况，循循善诱，示范引领。一些教师习惯应用“先学后教”模式，让学生在课前自主学习，观看相关课件，梳理学习问题；在课堂上，教师设置提问，释疑解惑。这种模式下，学生表面上似乎能跟上教学节奏，事实上学生仅停留于知识表层，对物理思想和物理方法，特别是科学思维等还难以领会。在物理知识生成上，学生对物理概念、物理量的学习，多依靠教师的课件，学生并未联系自我学习经历去思考和把握物理概念的学习过程，也难以深刻、正确地理解物理量的内涵。物理学知识具有较强的逻辑性，各知识点之间如果没有过渡，学生会感觉零乱，缺乏整体把握能力。例如，在教学“自由

①李明．高中物理教学中科学思维的培养策略[J]．新智慧，2022(24)：115-117.

落体运动”时，教师在概念承接上，往往从提问入手，引导学生认识自由落体运动的方式和特点。根据概念，教师直接提问学生：“什么是自由落体运动？”“自由落体运动属于什么运动？”因课堂容量小，无法激活学生的思维，学生无法真正理解和把握自由落体运动的规律。此外，在一些物理原理及规律的挖掘上，教师过于重视技巧的渗透，干扰学生的推理、分析。例如，在教学“直线运动”时，对“中间时刻速度公式”“中间位置速度公式”进行推导，而未能让学生从“速度-时间”关系、“路程-时间”关系分析中提炼科学方法。如此一来，重总结而轻归纳，忽视学生自主体验和实践，不利于学生分析综合、抽象概括能力的培养。

（二）贯穿科学思维主线，提炼学生科学思维要素

科学思维的培养要融入课程教学中，在整合物理课堂知识时，教师要引领学生进行科学思维的训练，帮助学生学会分析、比较和概括，让物理课堂从质疑、论证、推理、创新中活跃起来。贯穿科学思维主线，教师需要围绕物理教学内容，从物理知识的因果、递进等逻辑关系中，确保课堂教学的科学性、整体性。在语言运用上，教师还要体现逻辑思维，激发学生的科学思维意识。比如，在课堂提问时，所提出的问题难易程度要适中，要让学生能从分析、比较、概括等思维训练中论证物理问题；在提出问题时，教师还要给予学生足够的思维空间，设置开放性的问题，激发学生的发散思维。比如，天体运动过程所涵盖的知识点有万有引力定律、圆周运动规律、牛顿第二定律等，在进行讲解和呈现时，教师要引导学生从相关定律入手，构建物理学习模型，让学生从中学会科学分析、科学论证等科学思维方式。以“自由落体运动”为例，在本节知识点梳理上，有的教师采用“复习—史料—演示—分析—解题”流程贯穿课堂，这种教学模式忽视了学生的参与性，未能给予学生更多的科学思维空间。针对自由落体运动的知识点，先复习匀变速直线运动，结合史料对比不同物理学家的观点。接着围绕自由落体实验，分析自由落体的运动特点。进而总结规律，结合例题进行学习和应用。在课程组织上，“重的物体下落快还是轻的物体下落快？”的问题被置于课

前，学生失去了对客观现象的思考与分析。该节教学的重点应该是围绕实验现象，让学生从实验分析中发现科学的思维方法。为此，教师可以将教学流程进行优化，遵循“实验体验—分析综合—抽象概括—巩固应用”的思路，重构课程内容，让学生认识自由落体运动，概括出规律“$v=gt$”“$S=\frac{1}{2}gt^2$”。从课堂流程设计来看，学生充分认识到物理实验在观察、分析、思维、总结等过程中的作用，也能从现象分析延伸到科学探究，进而培养科学思维素养。

(三)基于原始现象分析，启发学生的发现思维

在科学思维培养中，教师需要引导学生从物理概念、物理现象的发现中，洞悉物理内涵，拓展物理外延。也就是说，在高中物理课堂教学中，仅仅关注物理量、物理方法、物理过程是不够的，还要对物理现象进行表达、揭示，对物理思维及方法进行呈现。海森堡提出：“为了理解现象，首要条件是引入适当的概念，我们才能真正知道观察到了什么。”例如，在教学“运动”时，首先要让学生了解质点的概念。在课堂教学引入环节，教师需要明确质点的概念、条件，以及特定情境下质点的抽象意义。对于学生而言，只有充分理解和认识质点，才能将之应用到学习中，发展科学思维能力。事实上，在物理规律的发现过程中，总是伴随着不同的科学思维。可依托建构模型、抽象概括、推理论证等思路，让学生从中体验到学习、思维的过程，掌握科学思维的方法。例如，在教学“万有引力定律及其应用”时，会涉及诸多中间概念，如周期、速度、天体密度、向心力、加速度等。另外，还会涉及各类中间公式。但本节重点是让学生利用牛顿第二定律解决引力问题。要从这些原始的物理现象分析中启发学生，使学生强化发现思维。

(四)突出物理实验教学，增强学生的科学实验意识

物理学习离不开实验，实验是对物理问题的直观化体现，也是培养学生推理、论证等科学思维能力的重要途径。物理实验遵循物理实验原理，

应用实验器材，设定实验步骤，分析实验数据，获得实验结论。在这个过程中，既要融入学生的观察、分析，还要引导学生处理数据，归纳和概括实验结论。例如，在测量电阻实验中，有“单安法”“双安法”“单伏法”“双伏法”“安阻法”等，其基本原理都是欧姆定律。本实验的重点不是学习不同的实验方法，而是围绕欧姆定律，探析如何使用实验器材，如何组织实验步骤，如何测量电阻、电压、电流等。也就是说，在本实验中，重点要让学生从实验中得出“$U=E-Ir$”“$U=IR$”等规律，以及在只有电压表的情况下如何测量电阻电流。通过对实验过程的分析，发现误差的客观性，利用误差理论来评价测量结果。让学生从实验过程中，掌握建构模型、推理论证等思维方法。

在物理教学中，教师应该确立科学思维的地位，在知识、技能的学习中融入科学思维与方法，激活学生的科学思维意识，培养学生的科学思维习惯。教师要立足高中物理课堂，渗透科学思维，让学生认识物理学科的魅力，促进学生核心素养的提升。

三、高中物理教材中包含的科学思维教学内容

教学的主要参考资料是教材，无论是教学实施还是教材内容的呈现，都涉及科学思维过程。下面对高中物理教材中包含的物理学科核心素养中的科学思维的每个维度的内容进行分析和举例说明。

(一)物理模型建构内容分析

高中物理教材中的物理模型主要有：实物模型、模拟式模型和过程模型。对教材中出现的相关模型进行整理，如表4-1所示。

表4-1　高中物理教材中的模型

物理模型	教材中的模型示例
实物模型	质点、点电荷、纯电阻、理想电表、理想气体、弹簧振子、单摆、弹簧振子、黑体等

续表

物理模型	教材中的模型示例
模拟式模型	电场线、等势面、磁感线、卢瑟福原子核式模型、波尔的原子模型等
过程模型	匀速直线运动、平抛运动、匀速圆周运动、简谐运动、等容过程、碰撞过程等

模型建构过程一般可划分为三个步骤：第一，模型引入；第二，模型建立；第三，模型应用。下面选取教材中典型的物理模型进行详细分析。

1. 实物模型

实物模型，其研究对象是实际存在的物体，物体在运动或变化过程中，部分因素对于问题的研究影响微小，于是忽略这些影响因素，突出影响问题的主要因素，对实际物体进行简化抽象，建立相对应的实物模型。如弹簧振子，它是被抽象为没有质量的弹簧和可视为质点的小球组成的实物模型。弹簧振子是实际存在的物体，为了便于研究弹簧振子的运动规律，将其简化为弹簧振子实物模型，即在研究弹簧振子运动过程时，忽略弹簧的质量、振子的形状和大小以及空气阻力等影响运动的次要因素，对实际的弹簧振子进行简化，建立模型。

教材中建立实物模型的过程体现了科学思维过程，下面以“质点”这个实物模型为例，分析它的建立过程，以及在建立模型过程中所体现的科学思维。

(1)模型引入

运动学是物理学研究范畴中的一个重要分支。在运动学的教学中涉及对物体运动的定量描述，即涉及一个重要的问题：“如何恰当地描述物体的运动?”以生活中的实际例子进行讨论。例如，如何描述天空中鹰的运动?人们通常会脱口而出：“鹰从面前飞过，鹰向前运动。”在仔细观察鹰的运动后，发现鹰的身体向前运动，翅膀上下运动。在描述时，会自动忽略鹰的翅膀的上下运动以及鹰的身体其他部位的运动，而只描述鹰的身体向前运动。也可以说，只描述鹰的重心向前的运动。在实际的生活中我们就有这样的科学思维过程,即抽象思维过程。抽象思维过程是忽略影响物体的次要因素,只考虑影响物体的主要因素的一种思维过程。在此实际情境中,把鹰的整体看成是一个有质量的“点”,只描述这个点的运动情况,建立“质点”模型。“质点”模型是实物模型的一种,由此简化所要研究的运动规律。

(2)模型建立

什么是质点?当研究鹰的整体运动时,鹰的翅膀、尾巴等对于鹰的整体运动影响微小,鹰的大小、形状可以忽略,把鹰看成是一个有质量的点在此情境中的鹰称作为质点。于是概括出质点的定义:质点是忽略物体的大小和形状,把研究对象简化为一个具有质量的点。此时科学思维的概括思维过程,即通过抽象分析,突出影响物体的主要因素,概括出质点的定义。那么,在什么情境下能把研究对象看成质点?如果研究鹰在飞行时翅膀的上下运动,这时候就不能忽略鹰的翅膀的运动,因为翅膀的运动是研究问题的主要因素。

接着分析:在什么样的情境中才能将物体看成质点?情境1:研究地球公转,即地球绕太阳运动。情境2:研究地球自转。在情境1中,地球直径不到地日距离的万分之一,地球的大小引起地球公转运动的差异十分微小,因此可以忽略地球的大小和形状而把它视为质点。在情境2中,研究地球自转,地球的大小和形状就是研究问题的主要因素,此时地球不能看成质点。此时涉及科学思维的比较思维过程。通过对情境1和情境2进行分析对比,找出两个例子的共同点——研究对象相同,差异点——研究问题不同。比较得出物体的大小和形状不是物体能否看成质点的条件,而是由研究的问题决定。

(3)模型应用

学习实物模型的目的是让学生经历实物模型建构的思维过程,在这个过程中,训练学生的科学思维,将建立质点模型的科学思维方式迁移到学习其他实物模型的过程中。例如,“点电荷”同样是实物模型,回顾质点模型建立的思维过程,当两个带电体之间的距离远大于它们自身的大小,此时带电体的形状、大小对于它们之间作用力的影响微小，于是忽略这些影响因素，把带电体看成是一个带电的点，称点电荷。点电荷的学习与质点的学习在思维过程上具有相似之处，此时需要引导学生回忆与迁移已有的实物模型建立的思维过程，强化思维过程的训练。

2.模拟式模型

模拟式模型，其研究对象不是客观存在的实际物体，而是为了探索事物的本质和规律，根据已有的实验现象进行逻辑推理，建立模拟式模型，将抽象概念进行具体化、形象化。例如，磁感线不是客观存在的，为了更形象、更具体、更清晰地研究磁场的规律，引入磁感线。磁感线模拟式模型的建立基于一定的实验现象：在磁体上方放置一块玻璃板，在玻璃板上均匀地撒上一层细铁屑，轻敲玻璃板，细铁屑有规则地排列起来，可以看到铁屑的分布情况，它形成不相交的闭合的曲线。科学家们根据实验现象和逻辑推理，将这些曲线抽象模拟形成磁感线，从而研究磁场的规律，建立磁感线模拟式模型。

教材中建立模拟式模型的过程体现了科学思维过程，下面以“电场线”模拟式模型为例，分析它的建立过程，以及在建立模型过程中所体现的科学思维。下面按照模型建立的三个阶段进行分析。

（1）模型引入

电学是物理学研究范畴中另一个重要的内容，其中，电场线是较为抽象的内容。什么是电场线？可从电场引入。在学习过程中，学生知道电场看不见、摸不着。通过视频中的实验现象得知：电荷间不需要接触就会对电荷产生力的作用，是非接触力。没有接触就产生力，这对于学生来说是十分抽象和难以理解的。为了让学生更加深入地理解电场，需要引入电场线，对电场进行形象的描述。

在初中阶段就有引入磁感线描述磁场的例子。于是，引导学生回顾初中所学习的磁场。磁场也看不见、摸不着，同样不需要接触就对磁体产生力的作用，磁场可用磁感线来描述。学生根据教师的引导进行思考，此时涉及科学思维中的比较思维过程，将磁场与电场对比，发现它们有许多相同的地方，磁场可以用磁感线形象地描述，类比推理，电场也能够用线来表示，称为电场线。

(2)模型建立

电场可以用电场线进行形象地描述，那么如何画出电场线？模拟式模型需要基于一定的实验现象和逻辑推理才能够建立。设计演示实验：将剪碎的头发悬浮在加电场的蓖麻油中，碎头发就会按照电场的方向排列，演示单个电荷、等量同种电荷、等量异种电荷、匀强电场产生的电场，学生通过观察碎头发排列的特点，总结电场线的特点，将抽象的电场线具体化。根据实验现象，通过思维过程，得出电场线的画法。根据碎发在电场中的排列，由电场强度方向画出一些有方向的曲线，这些曲线称为电场线。此时涉及科学思维中的抽象概括思维过程，即通过实验和逻辑分析，学生形象地画出不同电场的电场线，抽象模拟出电场的形象，建立电场线模拟式模型。

(3)模型应用

在模拟式模型学习过程中，学生经历模拟式模型建构的思维过程，在这个过程中训练学生的科学思维，将建立电场线模型的科学思维方式迁移到学习其他模拟式模型的过程中。例如，电场是矢量场，可以用场线描述矢量场。那么，分析地球附近的重力场可以用场线描述吗？如何描述？描述重力场的拓展学习与描述电场的学习在思维过程上具有相似之处，此时需要引导学生回忆与迁移已有的模拟式模型建立的思维过程，强化思维过程的训练。

3.过程模型

过程模型，其研究对象是事物的运动或变化的过程，这个过程受到多种复杂因素的影响和制约，使我们无法了解事物的本质，于是选择忽略次要的、非本质的影响因素建立过程模型。如匀速直线运动，忽略物体受到的外界阻力，物体速度的大小和方向不会改变，构建匀速直线运动的过程模型。教材中建立过程模型的过程体现了科学思维过程。下面以“平抛运动”过程模型为例,分析它的建立过程,以及在建立模型过程中所体现的科学思维。下面按照模型建立的三个阶段进行分析。

(1)模型引入

平抛运动在生活中十分常见,学生已经有大量的关于平抛运动的感性认识,以生活中的情境引入。例如,在学生打排球或观看排球比赛时,发现发球选手向前水平发球,有时候排球没有过网,有时候排球出界。由生活情境提出问题:如何发球才能既过网线又不出界?此时,学生经过不断思考,将影响排球运动的因素一一分析出来,将整体运动划分为各个要素。学生可能回答:运动员打球用力的大小,排球在空中运动的速度,运动员的身高,排球网的高度,排球赛场边界的大小,当时的天气,等等。

在学生分析影响排球运动的多种因素之后,提出第二个问题:什么是影响排球运动的次要因素?可以猜想:排球向前抛出的速度、排球离地面的高度是影响排球运动的主要因素,而排球的形状和大小、空气阻力是影响排球运动的次要因素。此时涉及抽象思维过程,学生通过思考,抓住影响排球运动的主要因素,忽略次要因素,简化排球的运动过程。

(2)模型建立

在抽象的基础上,运用概括思维,将具体的运动一般化,即提取影响物体运动的本质因素,建立物体运动的过程模型。由排球水平抛出的运动,忽略空气阻力,建立平抛运动模型,概括出平抛运动的定义,即从水平方向抛出,忽略空气阻力,只受到重力作用时的运动。

接着,通过实验探索平抛运动的规律。例如,通过频闪照相,记录水平抛出的小球在不同时刻的位置,得出小球做平抛运动时的频闪照片,用光滑的曲线连起来,获得小球的运动轨迹。对小球的轨迹数据进行分析:小球在竖直方向上近似做自由落体运动,在水平方向上近似做匀速直线运动。在分析小球运动轨迹时,涉及分析思维过程,将运动分解,有效地训练学生的分析思维。

（3）模型应用

平抛运动过程模型的建立能够启示学生建立其他过程模型和拓展分析，强调对思维过程的迁移训练。例如，建立抛体运动过程模型时，分析影响运动的主要因素和次要因素，概括得出抛体运动是初速度沿斜向上方或斜向下方抛出，忽略空气阻力，只受到重力的运动。

在建立过程模型的基础上进一步拓展分析。在建立平抛运动或抛体运动模型时，强调忽略空气阻力。如果考虑空气阻力，物体又会如何运动？例如，在研究炮弹的运动时，不能忽略空气阻力，炮弹的实际运动轨迹是什么样的？此问题源于平抛运动模型又高于平抛运动模型，强调对学生分析与综合思维的训练。将炮弹的运动分解为水平方向上的运动和竖直方向上的运动。考虑阻力时，水平方向为加速度减小的减速运动；竖直方向为加速度发生变化的运动。综合以上分析，考虑空气阻力影响的炮弹运动轨迹竖直最高点降低，水平距离减小。

（二）物理科学推理内容分析

高中物理教材中的科学推理主要划分为：归纳推理、演绎推理和类比推理。科学推理过程一般可划分为三个步骤：第一，问题引入；第二，资料收集；第三，总结应用。下面选取教材中典型的推理过程进行详细分析。

1.归纳推理

归纳推理是在解决物理问题的过程中，由一些个别的、特殊的物理判断推理出一般的物理判断。例如，透过透明的矿泉水瓶看事物，事物形状发生改变；看水中的鱼，看到的鱼的位置比实际的鱼的位置浅；把筷子插入水中，看到筷子好像折断了，等等。通过归纳推理得出：当光线从一种介质进入另一种介质中，光的传播方向会发生改变，即发生折射现象。

运用归纳推理的过程体现了科学思维过程，下面以“牛顿第一定律”归纳推理为例，分析它的归纳推理过程，以及在这个过程中所体现的科学思维。下面按照科学推理的三个步骤进行分析。

(1)问题引入

“牛顿第一定律”是物理教学的重要内容,它是从大量实验事实和前人总结中归纳推理出来的规律。让学生体会其中的思维过程、感悟其中的物理思想是教学的重点。在生活中,学生普遍存在“力能够维持物体运动”的前概念,教学以破除前概念开始。首先,提出问题:“力是维持物体运动的原因吗?”此时会存在两种答案:“会”和“不会”。学生能够用大量的生活经验验证自己的观点。回答“会”的学生可能提出:“用力推小车,小车运动;撤掉推车的力,小车停下。有力物体才会运动。”回答“不会”的学生可能提出:“打排球时,球离开手,排球仍然向前运动,不需要力物体也可以运动。”此时学生的思维过程是简单的归纳推理,由大量生活经验归纳出结论。教师要肯定不同观点的学生的思维推理过程,让不同观点的学生相互讨论,寻找证据,验证观点,再观察有多少学生改变了原有的观点。此时涉及学生的比较思维过程,对两种不同的结论进行对比分析,有利于引发学生进行思考。在学生分析思考之后,揭晓正确结论:力不是维持物体运动的原因。

(2)资料收集

为什么力不是维持物体运动的原因?先从历史上查找资料,亚里士多德提出:必须有力作用,物体才会运动;没有力的作用,物体就处于静止状态。即力是维持物体运动的原因。同样,由大量的生活经验归纳推理出结论。

伽利略则提出:力不是维持物体运动的原因。他通过实验事实和理论推导验证了自己的观点。理想实验为:一个钢球从一个斜面落下,会滚上另个斜面,达到相同高度;当另一个斜面倾角减小,直到水平,那么小球会一直运动下去,不会停下来。于是,伽利略提出:力不是维持物体运动的原因。此时涉及抽象思维过程:在可靠的事实基础上,以事实为依据,提取影响事物运动的本质原因,忽略空气阻力、摩擦力等次要因素,得出结论——力不是维持物体运动的原因。

笛卡尔认为：如果运动中的物体没有受到力的作用，它将继续以同一速度沿同一直线运动，不会停下来，也不会偏离原来的方向。

(3)总结应用

牛顿归纳亚里士多德、伽利略和笛卡尔对力与运动关系的认识，进行归纳推理，最后得出一般规律：一切物体总保持匀速直线运动状态或静止状态，除非作用在它上面的力迫使它改变这种状态。此时涉及综合思维过程，牛顿对前人的研究成果进行总结和思维加工，从整体上把握力与运动的本质，最终总结出牛顿第一定律，这是归纳推理的集中体现。

此时会产生这样的疑问：牛顿应用归纳推理得出正确的结论，亚里士多德同样用归纳推理的方法，为什么得出的结论是不正确的？科学思维不能保证探索事物的成功，但是成功的探索一定需要科学思维。归纳推理需要深入客观事物和实验中去，在实践中检验。

教材中的许多知识应用到了归纳推理，在教学中应注重归纳推理中所涉及的思维过程的迁移，引导学生深入客观事物、实验现象、生活经验中去获得一般的规律。例如，在学习“力的合成”时，学生的生活经验中存在大量关于合力的例子。如：一个人可以提起一桶水，两个人也可以共同抬起一桶水；一匹马可以拉动一辆马车，几匹马也可以同时拉动一辆马车。当教师呈现这些情境或引导学生回忆相关情境时，学生通过比较分析不难发现，两个力可以用一个力来等效，即一个力的作用效果可以跟几个力的共同作用效果相同。

2.演绎推理

演绎推理是在解决物理问题的过程中，由一般性的物理判断推理出个别的、特殊的物理判断。例如，为了巩固加速度概念，提出这样一道思考题：“向上运动的电梯，可能处于失重状态吗？”演绎推理如下：首先，电梯如果处于失重状态，其加速度向下，加速度的方向与速度变化量的方向一致。然后，由题目中所给的信息“向上运动的电梯”，对其进行推理：如果电梯的速度变小，则速度的变化量方向向下。最后，得出结论：向上减速运动的电梯，其加速度的方向向下，电梯可能处于失重状态。教材中运用演绎推理的过程体现了科学思维过程。下面以“向心力”为例，分析它的演绎推理过程，以及在这个过程中所体现的科学思维。下面按照科学推理的三个步骤进行分析。

（1）问题引入

“向心力”是对物体做圆周运动的原因的进一步深入探索。学生在生活中有做圆周运动的体验，如坐过山车、空中飞车、甩笔、转盘等，知道做圆周运动的物体的速度方向在不断地发生改变，即物体运动状态不断改变，做圆周运动的物体受到力的作用，但是不清楚这个力的性质和特点。下面通过简单的匀速圆周运动的实验进行分析。

（2）资料收集

在日常生活中，人们经常会无意识地转动钥匙玩，现在就用生活中的物体来进行分析。将细绳绑在小球上，拉着细绳使小球在桌面上转动起来，然后放开绳子，小球不能保持圆周转动。这是什么原因呢？绳子对小球有什么作用？小球在桌面上做匀速圆周运动时，它的速度方向在不断改变，手拿着绑住小球的绳子不断地用力，它们之间存在力的作用，即力是改变物体运动状态的原因。

演绎推理：力能改变物体的运动状态。小球在桌面上转动时，它的运动状态不断地发生改变，小球受到力的作用。小球在竖直方向上受到重力和支持力，竖直方向上受力平衡。推理得出结论：要使小球在桌面上做匀速圆周运动，就必须使小球受到的合外力不为零。这个力由绳子提供。手牵引着绳子，绳子对小球有力的作用，绳子对小球的力改变小球的运动状态，使之做匀速圆周运动。在此实验中，绳子对小球的力就是向心力。通过受力分析，得出向心力的方向由物体指向匀速圆周运动的圆心。

（3）总结应用

通过演绎推理的方式能将复杂抽象的内容简单化。在教学中，应强调将演绎推理的科学思维迁移到其他问题的解决过程中。例如，乒乓球凹进去一块,把它浸在开水里烫一下,会重新鼓起来,为什么?可以用演绎推理来分析解答。在升高相同温度的条件下,固体膨胀最小,气体膨胀最大。球表面是固体,球体中是气体,气体的膨胀程度远大于固体,将其放在热水中,球体内的气压变大,凹进去的地方会鼓起来。

3.类比推理

类比推理是在解决物理问题的过程中,研究对象在某些属性上相似,从而推理出它们在另一些属性上也可能相似的一种推理形式。例如,研究对象为机械波和电磁波。机械波能够传递能量,发生干涉、衍射、反射等现象。由两种波都能传递能量,从而推理出电磁波也能够发生干涉、衍射、反射等现象。

教材中运用类比推理的例子体现了科学思维过程,下面以“库仑定律”类比推理为例,分析它的类比推理过程,以及在这个过程中所体现的科学思维。下面按照科学推理的三个步骤进行分析。

(1)问题引入

库仑定律不仅是力学向电磁学过渡的桥梁,而且是整个电磁学的基石。由教材中的实验引入:用细线将两个带电小球系在铁架上,两小球在同一个高度,通过观察两小球偏离竖直方向的角度判断小球的受力大小。通过实验观察:电荷量相同时,两小球越靠近,偏离竖直方向的角度越大;距离相同时,两小球电荷量越大,小球偏离竖直方向的角度越大。通过实验使学生获得电荷间作用力的感性认识,对影响电荷间相互作用的因素有了定性的了解,想要进一步定量探索它们的具体关系。在定量探索之前,可以通过类比推理的方法猜测电荷间作用力与电荷量和电荷间距离的关系。要使学生猜想出它们之间的关系,需要一定的类比资料。

(2)资料收集

教师给学生提供相关的类比资料,加强新旧知识之间的联系。回顾已有知识,学生已经掌握天体运动和万有引力定律,熟悉原子结构、电荷、电荷量的概念,知道电荷之间存在相互作用力。设计问题情境,即呈现电子绕原子核运动的模型,询问电子的运动情况和受力情况。通过分析,学生容易联想到行星绕太阳运动。把学生的思维从陌生的微观粒子运动带到熟知的宏观天体运动。这一思维的过渡,有助于训练学生的比较思维,使类比推理顺利进行。

接着,引导学生将静电力和万有引力、点电荷和质点进行类比推理。推理过程:由运动的相似性到受力的相似性,由受力的相似性到定律的相似性。通过推理过程,学生能够顺利把万有引力定律类比到库仑定律,把定律中的"质点"改为"点电荷",把"质量"改为"电荷量",得出库仑定律的表达式,再通过扭秤实验得出比例系数。

(3)总结应用

在库仑定律的类比推理教学中,应注重比较思维过程的训练,强调将此思维过程迁移到接下来的学习过程中。如,将电学知识与力学知识相类比,将电学受力分析与力学受力分析相类比,总结知识的共同点和差异点,深化对知识的理解,加强内容的联系性。

(三)物理科学论证内容分析

通过对高中物理教材的研究可知,教材中所涉及的科学论证主要为实验论证。科学论证过程一般可划分为三个步骤:第一,问题引入;第二,资料收集;第三,总结应用。下面选取教材中典型的论证过程进行详细分析。

实验论证是在解决物理问题的过程中,根据已知的条件提出假设,通过实验的方式验证结果的过程。例如,猜想在恒力的作用下,物体做匀加速直线运动。可设计一个这样的实验:物体受到恒力的作用,通过打点计时器获得物体的运动情况,最后对数据进行分析,验证物体在受到恒力作用时做匀加速直线运动。下面以"自由落体"实验论证为例,分析它的论证过程以及在这个过程中所体现的科学思维。下面按照科学推理的三个阶段进行分析。

1.问题引入

"自由落体"是高中牛顿运动定律中的重要内容,是对牛顿运动定律的重要应用。在本节的教学中，了解到部分学生存在着“重的物体下落快”的错误认识。可通过实验论证和清晰的思维过程来解决此类问题。情境设计：在同一个高层建筑物上，让质量不同的两个物体同时落下，质量大的物体下落快，这个观点正确吗？此时，部分学生认为质量大的物体下落快，还有部分学生认为不同质量的物体下落一样快。

2.资料收集

两种相矛盾的结论能够有效激发学生的兴趣，让不同观点的学生相互讨论，引导学生通过实验证明自己的观点。给学生提供简单器材——两张大小相同的纸。进行简单实验：在教室内，拿两张同样大小的纸，将其中一张揉成一个团，让纸团和另一张纸在同样的高度落下。哪一个下落得快？由实验得出结论：质量相同的物体下落快慢不相同。通过思考得出结论：质量大的物体不一定下落快。此时提出问题：影响物体下落快慢的因素是什么？通过猜测，认为空气阻力是影响物体下落快慢的因素。

接着，进行第二次实验论证。通过实验证明空气阻力是影响物体下落快慢的因素。在这个实验中，空气阻力是要控制的变量因素。第一个实验：在有空气阻力的情况下，把质量不相同的铁片和纸片放到开放的玻璃管中，让铁片和纸片从玻璃管上方同时开始下落，铁片下落得快。第二个实验：在没有空气阻力的情况下，将玻璃管抽真空，再次让铁片和纸片从玻璃管上方同时开始下落，两个物体同时落下。通过控制变量法，比较两次实验的现象，学生经历比较思维过程，得出空气阻力是影响物体下落快慢的因素。

3.总结应用

物理是一门以实验为基础的自然学科，运用实验归纳总结结论，通过实验验证猜想。在实验论证过程中，能够有效地培养学生的科学思维能力。教师需要引导学生把实验论证的科学思维方式迁移到其他知识的学习中，如运用实验论证动量守恒定律。

(四)物理质疑创新内容分析

质疑创新应渗透在教师的教学过程中,教师可提出引发学生质疑和发散性思维的问题、创造条件鼓励学生发明创造等。下面以“全反射”为例,分析质疑创新过程以及在这个过程中所体现的科学思维。

1.质疑阶段

学生已经学习了折射定律,掌握了光折射的规律和具体运算。本节课以学生原有的知识基础引入,巧妙地创设情景,从折射定律过渡到全反射定律。可以设置这样的情景:已知某物质的折射率是$\sqrt{2}$,光从某物质射入真空。当入射角为30°时,计算得出折射角为45°。当入射角为60°时,折射角的正弦值是多少?通过计算得出:正弦值为$\frac{\sqrt{6}}{2}$。这不符合正弦值小于等于1的规律,此时,学生产生怀疑,思考为什么会产生这种情况。

2.创新阶段

为了解答这个疑问,需要寻找新的规律,于是过渡到全反射现象的探索。为学生提供观察全反射的实验装置,包括半圆形玻璃砖、量角器等。学生通过实验探索,将光线从玻璃砖射向空气,逐渐增大入射角,仔细观察折射角的变化及其他实验现象。通过实验可以发现:随着入射角增大,折射光线偏离法线的角度增大,折射光减弱,反射光增强。当入射角增大到某一角度,折射角达到90°时,折射光消失,只剩下反射光,称为全反射现象,此时的入射角叫作临界角。通过实验,计算得出全反射的临界角C与介质的折射率n的关系是:$\sin C = \frac{1}{n}$。当入射角为60°时,已经超过临界角,折射光已经消失了,不存在折射角,故没有违背正弦值小于等于1的规律。

3.完善规律阶段

通过实验探索得出全反射规律,接着进一步探索发生全反射的条件。在实验过程中,除了将光从介质射入空气,学生也试着将光从空气射入介质。可以发现,光从空气射入介质时,不管如何改变入射角的大小,都没有出现全反射现象。由此推理:要发生全反射现象,需要满足光从介质射入空气。当光从介质射入空气，如果入射角等于或大于临界角，就会发生全反射现象，此时不会产生折射角。

第二节　高中物理科学思维的培养策略

一、在物理模型建构中培养学生的科学思维能力

（一）设计情境，激发学生的思维活动

情境能够激发学生的学习兴趣，有助于学生深入理解物理模型的本质。在考试中，主要考查熟悉情境和实际情境中对模型的应用。情境设计在模型建构的教学中尤为重要，主要包括情境的选择和呈现的顺序。

在情境的选择上，可以从学生的日常生活、科技发展、历史故事、影视片段等入手，根据情境与物理模型的契合程度以及学生的特点进行选择。日常生活情境能够拉近物理与学生生活之间的距离，学生可以在生活中观察这些物理模型。例如，在建立质点模型时，可以举出学生进行800米田径赛跑的例子，学生能够很快地在脑中呈现赛跑时的情境，对赛跑时身体各部分的运动细节了如指掌，这样有利于质点模型的建立。设计科技发展情境，能够将看似“高大上”的科学知识带入物理课堂，有利于学生在学习知识和解决问题的过程中获得成就感，鼓舞学生为科学技术的发展贡献自己的力量。历史故事和影视片段是大部分学生喜爱的情境，应用这些情境能够有效激发学生的学习兴趣。选择情境没有固定的模式，应根据学生的实际情况和教学内容进行选择。

情境呈现的顺序有一定的内在逻辑关系，可以是矛盾的情境，以进行辨析；也可以是递进式的情境，以进行知识的深化。例如，在学习质点模型时，先出现地球围绕太阳公转的情境。地球直径是地球与太阳距离的万分之一，地球的大小和形状可以忽略，地球可以看成质点。此时，学生可能会误以为物体的大小远小于物体运动的尺度时，物体才可以看成质点。接着

出现列车整体平动过桥的情境，列车的长度相对于桥的长度不可以忽略，但是列车整体运动情况相同，列车可以被看成质点。通过这两个情境，突出研究的问题是物体能否看成质点的本质原因，加深学生对物理模型的理解。情境呈现的先后顺序不是无规则的，而应按照一定的逻辑顺序加以安排。

（二）有效设问，启发学生自主建立模型

学生在学习过程中，经常会出现解答物理问题时不知道从何下手，但是一看答案却又觉得十分简单。其原因主要是学生缺乏思考问题的方向，不能将具体的情境抽象成物理模型。当学生遇到问题时，教师要善于向学生提问，启发学生思考。例如，小球竖直上抛，然后落回原处，受到的空气阻力恒定，求小球速度与时间的图像。学生可能会直接运用竖直上抛模型，认为小球在运动过程中加速度不变。教师为解答学生疑问，启发学生思考，可以做以下引导：

在地面将一小球竖直向上抛出，经时间 t_0 到达最高点，然后小球落回原处，若空气阻力大小恒定，下图所示的图像能正确反映小球的速度 v、加速度 a、位移 x、速率 u 随时间变化关系的是（　　）。（竖直向上为正方向）

A.
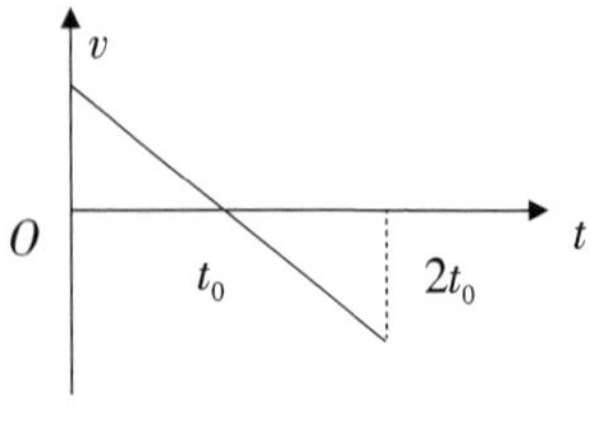

B.
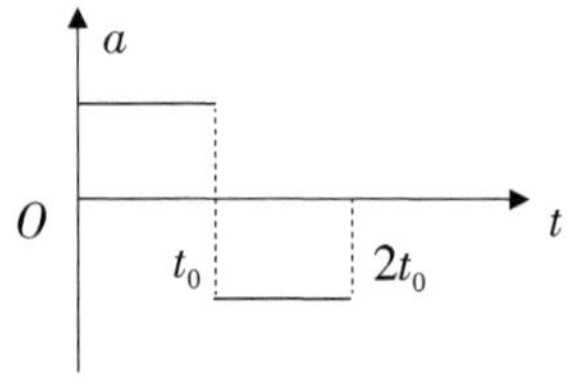

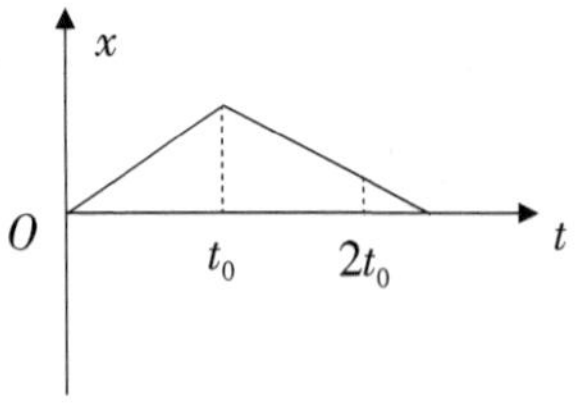

C.

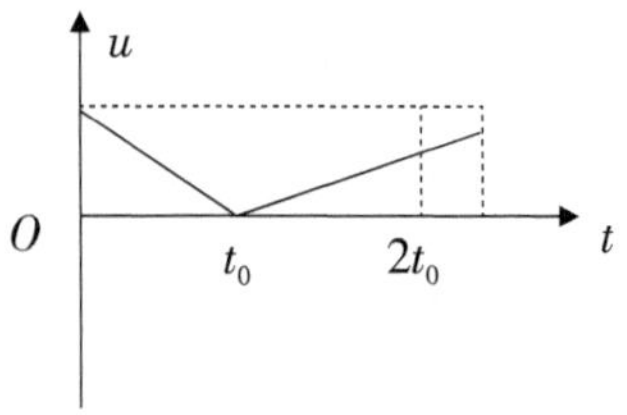

D.

第一，回顾竖直上抛模型的应用条件，提出疑问：在什么条件下可以运用竖直上抛模型？学生知道在忽略空气阻力的情况下可以应用竖直上抛模型，但是题目中需要考虑空气阻力。

第二，不能直接应用竖直上抛模型，需要对模型灵活应用。在模型的基础上考虑空气阻力，对小球进行分析，求出小球的加速度。如何求出加速度？引导学生回忆牛顿第二定律，由物体所受的合力求得物体的加速度。从物体的受力分析入手，小球受到重力和空气阻力。

第三，小球受到的空气阻力的方向不是恒定的。小球上升时，受到的空气阻力竖直向下；下降时，受到的空气阻力竖直向上。把小球运动划分为上升过程和下降过程。由牛顿第二定律可以求得加速度。上升过程和下降过程加速度不一样。上升时，重力和阻力同向，小球的加速度大。

第四，如何将加速度反映在v-t图像中？加速度越大，斜率越大。斜率恒定的图像是错误的选项。

通过启发学生开展思维活动，让学生知其然并知其所以然。在这个过程中，教师不是直接给出答案，也不是直接说出用什么知识，而是引导学生思考，给学生的思维活动指明方向，启发学生自己得出答案，进一步培养学生的科学思维能力。

二、在物理科学推理中培养学生的科学思维能力

（一）教给学生科学推理的方法

科学推理需要学生寻找出事物或现象之间的联系，从多个结论中得出新的推论。然而，事物或现象之间的联系不是直接摆在眼前，而是隐藏在诸多事物或现象背后，具有复杂性。教师需要教授学生科学推理的方法，从纷杂的事物或现象中获得事物间的联系。常用到的方法有归纳法、演绎法、类比法，还有等效替代法、控制变量法、因果推理法、逆向推理法等。一方面，教师可以在课堂上引导学生应用一定的科学推理方法得出结论，启发学生积极地思考，在科学推理过程中进行思维训练。另一方面，在习题

课上，教师可以利用一些典型的例子，让学生应用已经掌握的科学推理方法剖析题目，注重解题的科学推理过程。

（二）加强物理知识的联系，培养学生科学推理能力

物理知识是一个相互联系的知识系统，一堂课中的各个知识点也是相互联系的。学生在学习过程中需要了解各知识点之间的联系，形成知识网络。在教学中，教师可以通过板书引导学生将各个物理知识点联系成网络，了解知识点的因果、包含、并列等关系。教师可以提示出物理知识中的关键问题，利用科学推理的一般方法，如归纳、演绎、类比等，将知识按照一定的逻辑联系起来，引导学生画出知识联系网图，运用不同的颜色标出重点，加深学生的印象。这样容易将知识联系起来，在大脑中形成网络结构，让知识系统化，化抽象为形象。在讲解题目的过程中，应注重学生的解题思路，引导学生寻找题目中的线索，与学过的知识进行比较和应用，加强问题与知识的连接。

三、在物理科学论证中培养学生的科学思维能力

首先，在进行实验之前，教师需要让学生明确以下几点：第一，知道需要研究的问题以及解决这个问题的意义；第二，运用已有的知识猜想问题的结论，此时还需要注重让学生对观点进行交流与分享，在这个过程中完善自己的观点；第三，制定实验计划，用实验验证结论，猜想实验会产生什么现象，什么样的实验现象能够证明结论。主要目的是让学生带着问题观察实验。

其次，在实验过程中，不管是教师演示实验还是学生自主实验，都必须引导学生观察实验现象。获取实验现象和实验数据后，接着更重要的是启发学生进行思维活动。如果产生的实验现象与猜想相同，思考能否证明猜想的观点，实验是否可靠，是否还有其他遗漏；如果产生的实验现象与猜想不相同，教师则应带着学生一同寻找产生此现象的原因，思考是实验装置的问题，还是实验设计考虑得不够全面等。从实验现象和数据证明得出观

点是科学论证中重要的环节,也是学生思维的重要平台。

最后,实验之后的小结是必不可少的环节,除了知识的小结,还有证明方法和思路的小结,让学生清楚知道遇到问题应该如何进行思考论证。在小结的基础上还要进行拓展,教师可以为学生设置开放性的问题,给学生提供更广阔的论证空间,启发学生从多角度提出解决问题的办法,运用生活现象或设计实验论证观点。

四、在物理质疑创新中培养学生的科学思维能力

(一)重走科学家的质疑创新之路

物理学史中记录了物理学的诞生和发展,介绍了物理概念和规律的产生过程。分析高中物理教材,可以发现物理学史在教材中占有重要地位,展现了许多结论的产生和形成的逻辑进程,其中包含丰富的质疑创新事例。在教学中,教师要善于用科学家的事例来启发学生,如奥斯特在一次实验过程中发现了出乎意料的实验现象,他没有像其他人一样忽略这个现象,而是对此进行了思考与质疑。此类事例启示我们,在物理实验中,不是所有实验都能够产生预期的效果,此时需要鼓励学生思考意外结果产生的原因。

(二)物理与科技相结合,做小发明家

物理与科学技术密切相关,生活中很多产品的发明和使用都离不开物理学,如汽车、飞机、轮船、电视、手机、电脑等,这些产品的更新换代,离不开人们的创新与创造精神。质疑与创新对于科技发展具有重要的作用。教师在教学中要突出物理对于科技发展的重要作用,将物理知识与科技相结合,强调创新的重要性。例如,在学习“万有引力与宇宙航行”时,补充当前航天航空的发展情况,或建立航天航空真实情境,在情境中学习。将物理与科技相结合,强调创新对于科技发展的重要性。

教师在教学过程中要创设条件,引导学生进行小发明、小创造。例如,

在学习“电磁感应现象及应用”时，给学生提供适当的材料，鼓励学生进行小发明、小创造，尝试做一个小发电机。教师还可以在课后布置思考题，引发学生思考与创新。例如，在学习“电磁感应现象及应用”后，布置与学生生活相关的思考题。比如：无线充电的原理是什么？可以利用地磁场实现走路充电吗？如果可以，需要克服什么困难？总之，教师需要抓住机会，启发学生思考，锻炼学生的创造性思维。

第三节　高中物理培养科学思维素养的教学设计案例

一、教材分析

在2004年人教版教材必修2中，“平抛运动”是第五章第二节的内容，“实验：研究平抛运动”是第五章第三节的内容，即研究平抛运动规律在研究平抛运动实验之前。首先，以生活中的例子引入，直接指出在忽略空气阻力的情况下，这些运动可以看成平抛运动。然后，建立平面直角坐标系，将运动分解为水平方向的运动和竖直方向的运动，对抛体运动的规律进行部分和整体分析，运用实验验证平抛运动的运动规律。最后，将平抛运动延伸到一般抛体运动，从理论分析到实验分析，教材整体流畅，具有逻辑性。

在2019年人教版教材必修3中，“实验：研究平抛运动的特点”是第五章第三节的内容，“抛体运动规律”是第五章第四节的内容，即将研究平抛运动实验调整到研究平抛运动规律之前，去掉了对平抛运动轨迹是否为抛物线的具体运算分析，代之以问题引导学生，在理论分析平抛运动时，以实际的排球比赛问题引入。研究思路为从实验分析到理论分析。

新一版的教材为什么做出如此调整？笔者认为，可能有以下原因：第一，从实验分析到理论分析更符合认知规律，即从感性认识深入到理性认识。第二，减少详细的运算步骤，2019年版教材更多以提问的形式呈现，而不是直接呈现程序化的过程，这一处理可以更好地启发学生思考，培养学生的科学探究能力。第三，2019年版教材以实际的问题引入，有助于引导学生在实际的情境中思考物理模型的构建。

二、教学过程设计

（一）引入情境，建构模型

观察生活情境：水平抛出的粉笔的运动轨迹；水平桌面上的小球被碰后，以一定的水平初速度离开桌面后的运动轨迹。为什么这些物体的运动轨迹是曲线？由分析可得出，由于物体的速度与物体所受合力的方向不在同一条直线上，物体做曲线运动。进一步思考物体的受力情况：物体受到空气阻力和重力的作用。为了简化研究，突出影响物体运动的主要因素，忽略物体所受的空气阻力，建立理想化过程模型。总结平抛运动的定义：物体以一定的初速度沿水平方向抛出，只在重力作用下所做的运动。

（二）实验探究，科学论证

观察平抛运动的轨迹，发现它是一条曲线。可以得出平抛运动在竖直方向上的分速度是越来越快的，但是不知道这个分速度是如何变化的。由于平抛运动的物体在竖直方向上只受到重力作用，与自由落体运动的条件相同，并且分运动具有独立性，即分运动在各自的方向上遵循着各自的规律，猜想平抛运动竖直方向上的分运动有可能是自由落体运动。同样，依据水平方向上物体不受力，猜想平抛运动水平方向上的分运动有可能是匀速直线运动。

有了猜想，则需要验证猜想的准确性。于是，应用接下来的实验验证猜想。学生分小组进行实验设计和实施。

实验器材：斜槽、白纸、钢球、刻度尺、铅笔、重物、细绳、铁架台等。

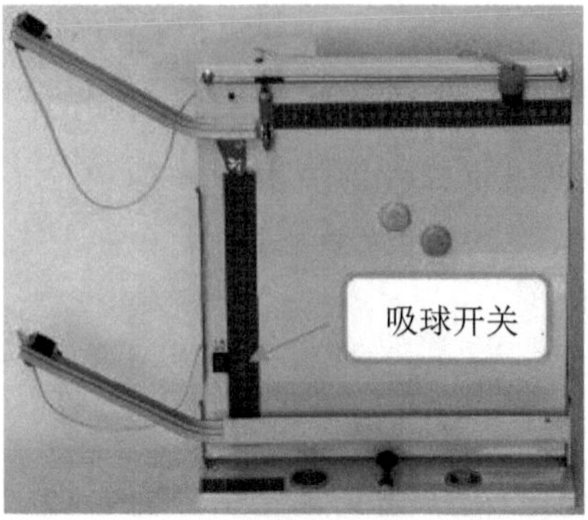

图4-1 平抛运动实验装置

实验步骤:①用图钉将一张白纸和复写纸固定在装置的背板上。②在铁板左上角固定斜槽,使其末端点的切线水平。在纸上把这个O点记下来,利用重垂线画出通过O点的竖直线。③在装置中有一个吸球开关,钢球飞出后,按下开关可将球吸在铁板上。钢球落到铁板上后,就会挤压复写纸,在白纸上留下印迹。④取下白纸,用平滑的曲线把所记下的小球通过的位置连接起来,得到小球做平抛运动的轨迹。⑤以O点为原点,画出竖直向下的y轴和水平向右的x轴。⑥求小球平抛的初速度和竖直加速度。

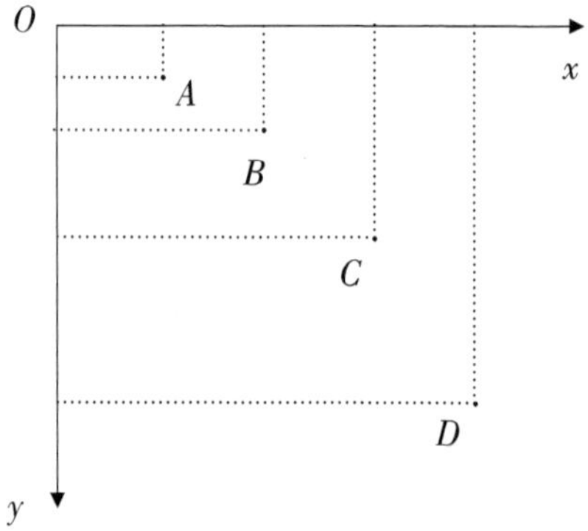

图4-2 实验数据

注意事项:①保证斜槽末端点的切线水平,铁板竖直。②小球每次从斜槽上同一位置滚下。

实验结论:平抛运动在水平方向上是匀速直线运动,竖直方向的加速度与重力加速度大小相近。通过实验证明:平抛运动在水平方向上做匀速直线运动,在竖直方向上做自由落体运动。

在高中物理中,科学论证主要是实验论证,运用实验的现象和数据来证明观点。很多学生依据经验提出观点,而深入探索、寻找证据证明观点的学生却不多。教师需要培养学生的论证意识,然后进行严密的论证,在可重复的实验事实证据与结论之间形成逻辑关系清晰的思维链条,使结论逐步精确。科学论证主要是指恰当地使用已知的实验现象和实验数据等可靠的证据证明观点。利用实验验证平抛运动规律,与理论分析平抛运动规律相互佐证,能够形成严密的思维逻辑。

(三)巧妙提问,深化模型

实验中以小钢球作为实验对象,可以将小钢球换成大纸团吗?原因是什么?

首先,平抛运动模型需要忽略空气阻力的作用,为了考查学生对模型的理解,从新的视角进行询问。由于运动物体不同,则物体受到的空气阻力不同。当物体可以近似看成质点时,物体所受的空气阻力很小,此时物体所做的运动接近平抛运动。此提问有利于加深学生对过程模型的深入理解。在教学过程中,教师可将不同的物体水平抛出,让学生判断哪一个物体的运动更接近平抛运动。学生在教师的引导下,从质点模型建构的经验中获得启发:越接近质点的物体,空气阻力越小,能抽象为平抛运动。在模型应用过程中,应注重辨析相关模型的使用前提,通过建模来分析和解决实际问题。

(四)理论探究,科学推理

1.根据情境,提出问题

我国古代士大夫在休闲时常做一种投掷游戏——投壶。人离壶一定的距离,用手将箭投入壶中,投入壶中箭数最多的人赢得比赛。如果只能水平抛出箭，在已知距离的情况下，如何设置水平抛出的初速度和高度才能命中？

2. 逆向推理，分解运动

这是一个平抛运动模型，将该情境下的数据转化为物理量，即在确定水平位移的情况下，如何得出初速度和高度的关系？水平初速度属于水平方向的物理量，高度属于竖直方向的物理量，需要将运动进行水平方向和竖直方向的分解。

同学们分组进行讨论。忽略空气阻力，那么小球在水平方向上没有受到力的作用，有一定的水平初速度，小球在水平方向做匀速直线运动；小球只受到重力，那么小球在竖直方向上具有重力加速度g，没有竖直方向上的初速度，小球在竖直方向上做匀加速直线运动。

找出初速度v_0，高度y，位移x相互联系的公式。

$x = v_0 t$（水平方向的位移）

$y = \frac{1}{2} g t^2$（竖直方向的位移）

$y = \frac{g}{2v_0^2} x^2$（轨迹方程）

最后，得出了初速度、高度、水平位移之间的关系。

3. 矢量分析

想知道小钢球落地时的速度，该怎么求？同样，将运动分解为水平方向和竖直方向。

$v_x = v_0$（水平方向的速度）

$v_y = gt$（竖直方向的速度）

$v = \sqrt{v_x^2 + v_y^2} = \sqrt{v_0^2 + g^2 t^2}$（合速度）

注意：速度是矢量，不要遗漏速度的方向。小钢球落地速度的方向如何表示？一起画图，判断速度方向。

$$\tan\beta = \frac{v_x}{v_y} = \frac{gt}{v_0}$$

β为速度方向与水平方向的夹角。

科学推理是基于学生已有的知识经验，推理新的物理规律的过程，是发展学生科学思维的重要途径。刚开始学生不知道平抛运动的运动规律，在教师一步一步的提问过程中，学生能够结合以往的知识进行思考，自己推理出平抛运动的规律。教师一定要在教学设计时多下功夫，打通思维脉络，让学生自己进行科学推理。

通过一系列问题设计，教师没有直接告知问题的答案，而是引导学生推理得出平抛运动的规律。以科学思维为先导，采用严密的理论推导，得出平抛运动的规律，从实验论证到理论分析，整个教学流程更加流畅，符合学生的认知规律。

（五）提出质疑，引发思考

用小钢球做实验时可以得到完美的平抛运动轨迹，如果用纸团进行实验，纸团的运动不是理想的平抛运动，那么纸团的运动轨迹与小钢球的运动轨迹相比有什么变化？

同学们相互讨论，进行猜想，说出理由。

教师引导学生将运动分解，将复杂的问题简单化。在水平方向上，纸团从斜面下滑时受到摩擦力，纸团的初速度减小。纸团在空气中运动受到空气阻力，空气阻力使纸团在水平方向上产生与运动相反的加速度，纸团在水平方向上做减速直线运动，水平位移减小。在竖直方向上，纸团在空气中运动受到空气阻力，产生与运动方向相反的加速度，纸团在竖直方向上做加速度小于重力加速度的直线运动。在运动时间上，空气阻力使小球在竖直方向上的加速度减小，小球在空气中的运动时间增加。

教师进行引导和补充，鼓励学生运用发散性思维从多角度、多方面思考。

总结：由于纸团较粗糙，纸团在斜面上受到的摩擦力大于小钢球在斜面上受到的摩擦力。根据能量守恒定律，纸团的质量不变，动能减少，纸团的初速度减小。在空中运动的过程中，纸团受到的空气阻力大于小钢球，阻力方向与速度方向相反，纸团在水平方向上减速运动，竖直方向上的加速度小于重力加速度。纸团运动的水平距离小于小钢球运动的水平距离。纸团的运动时间大于小钢球的运动时间。

质疑创新是基于事实证据，对不同现象和观点提出质疑，进行推理和修正，进而从不同的角度分析思考物理问题。质疑创新有助于培养学生的发散性思维，提出创造性见解。通过纸团运动的例子，对平抛运动进行深入的分析，使学生养成严谨的思维习惯，进行多方面的思考。

第五章　核心素养视角下的高中物理科学探究教学

第一节　高中物理科学探究素养概念界定

一、科学探究素养

2017年版《普通高中物理课程标准》中对科学探究素养有明确的表述：科学探究是指基于观察和实验提出物理问题、形成猜想和假设、设计实验与制订方案、获取和处理信息、基于证据得出结论并做出解释，以及对科学探究过程和结果进行交流、评估、反思的能力。

二、国外关于科学探究素养的研究

19世纪，人们开始建立科学探究课堂，从此，探究成为科学教育中重要的一部分，一直扎根在课堂教学中。斯密斯和赫尔把实验教学分为三种，其中第三种就是探究，即在教师引导下，学生发现现象，教师提出可探究的问题，给学生提供实验仪器，当学生遇到困难的时候给予一定的指导。这是“探究”一词首次出现在教育领域中。

20世纪上半叶，杜威提出“教育即生活，学校即社会”和“学生为中心，做中学”的教育主张。他认为，科学方法的环节为归纳、演绎、逻辑和实证，并首次提出科学探究的教学目标是形成科学思维、学习科学内容和培养发展探究能力。20世纪下半叶，探究成为科学课程改革的主题。芝加哥大学施瓦布教授提出，学生应该使用探究模式进行科学学习，使学生能够更加全面地掌握科学方法和内容。

1988年，科学探究首次出现在课程标准中，英国颁布的国家课程标准将科学探究列为课程目标，其主要内容为：计划、假设及预测，设计并实施调查，解释发现结果，得出结论，对探索活动和实验进行交流等。强调科学探究是科学学习的核心。美国国家研究理事会1996年公布的《国家科学教育标准》中详细论述了科学探究的主要组成部分，包括提出问题、确认已有信息、设计探究方案、根据证据修正自身认知、收集分析数据、得出答案或预测以及交流结果等方面。强调所有学生都应该进行科学探究，培养学生的科学探究能力。日本、德国、法国、新西兰等国家，同样重视对学生科学探究能力的培养，并把科学探究作为科学课程改革的核心内容。

三、国内关于科学探究素养的研究

（一）科学探究素养的教学研究

彭前程认为科学探究包括实验探究与理论探究两方面，培养学生科学探究素养需要教师设计不同的探究式教学方式。牟嗣珍与田仁军研究了科学探究素养在物理必修教材中的呈现方式，提出科学探究教学要做到整体把握、分块实施，做到猜想有理由、结论依赖证据，把探究思想应用于物理学习的全过程。陈刚认为科学探究素养的本质是个体运用科学探究方法解决各子环节问题。李艳青等人对我国物理教学现状进行反思，提出学习进阶的探究教学、加强教学心理研究、教育公平视野下审视科学探究等教学建议。高婷则认为探究教学效率低下的原因是教师没有理解探究式教学的实质，教师应该让学生经历与科学工作者类似的探究过程，从而发展科学探究能力。

（二）科学探究素养的测量方法研究

张国平以《普通高中物理课程标准》中核心素养水平划分为依据，从教学实践角度将科学探究素养水平划分进一步细化，设计出问题要素、证据要素、解释要素与交流要素的水平表现表及评价方法，总结制订出科学探究素养水平评定量化表。徐瑞璟与李春密根据课程标准中科学探究素养要求与科学探究素养的学业质量水平等级划分，制订出高中物理科学探究能力的评价量表。

（三）考查科学探究素养的物理试题研究

谭程通过分析高考试题的特点，发现科学探究试题的考查难度是螺旋上升的，重在考查学生的实验探究能力。梁旭通过分析考察科学探究素养不同要素的高考物理试题，总结得出探究实验教学中存在的问题。张昊旻与沈兰分析各核心素养在传统纸笔考试中出现的频率，发现科学探究素养在纸笔测试的评分上存在主观性强、耗时长、细则难以确定等评价困难，提出建立分级赋分体系来改善评分效果的建议。马云梦与徐金保分析高考试题对科学探究素养的考察内容，基于科学探究素养的问题、证据、解释、交流等要素，得出科学探究素养的培养与测量方法。

（四）培养科学探究素养的物理教学策略研究

王卫认为教师可以通过激发兴趣、加强引导、持之以恒、课内课外结合和评价激励，来确保科学探究核心素养的有效培养。陈文莉等从物理概念教学出发，提出要在物理概念建构过程中实现对学生物理核心素养的培养，通过图像结合、转换法、微视频等教学方法培养学生科学探究能力。陆昌松紧扣科学探究的内涵，提出亲身体验、实验探究、历史溯源、观念构建、生活应用的科学探究素养培养策略。金芝通过编制物理科学探究素养测试量表来了解学生科学探究素养的培养水平，从转变物理教学观念、优化物理教学方式等方面提出高中物理教学中科学探究素养的培养策略。武智俊通过科学探究素养学生问卷调查，得出学生在提出物理问题、设计实验、总结交流三方面存在的问题，通过归因分析提出对应的教学策略以及其在新授课、习题课、实验课、课后探究活动等教学中的应用方式。

（五）培养科学探究素养的物理实验教学研究

韩志强认为，学生无法参与到探究实验的原因在于探究实验缺乏趣味性和情境性，教学过于注重实验结果和结论。他提出创新设计教材实验、学生有效参与实验的教学方法。颜辉认为实验教学存在套路化、程序化等问题。王惠玲对比分析不同版本初中物理探究实验中科学探究素养各要素的呈现情况，结合教学现状，得出培养科学探究素养的物理实验教学策略。陈苏通过研究探究性物理实验对培养学生科学探究素养的促进作用，得出以探究实验教学为载体的科学探究素养培养方法。张国平从学生分组实验教学方式出发，认为教师应该重视实验报告的撰写，设计了以“规范格式—书写检查—展示交流—你问我答—改进提升—电子存档”为步骤的实验报告流程图。

第二节　高中物理培养科学探究素养的教学设计

一、“分项＋综合”整体培养方案

认知策略的运用具有潜在性，在教授认知策略时，要先通过启发式教学，使学生在教师主导下完成科学探究过程，并帮助学生将认知策略显性化，使学生认识方法；再通过探究式教学，让学生经历自己使用方法解决问题的过程，增强对方法的理解。在设计培养方案时，应当采用启发式教学和采用探究式教学。科学探究素养就是在一系列环节中运用认知策略解决子问题的能力，那么培养科学探究素养，首先应当让学生分项习得每一个环节中解决子问题的认知策略，然后提供一个较完整的科学探究过程，加深对科学探究的整体理解，即采用“分项+综合”的培养方案。

本节通过动力学部分的六个实验，让学生先分别经历科学探究的各个子环节，形成解决各环节子问题的能力后，再经历一次完整的科学探究过程。

二、具体安排

表5-1 教学安排

<table>
<tr><th>案例</th><th>培养子环节</th><th>教学方法</th><th>作用</th></tr>
<tr><td>探究弹簧弹力与形变量的关系</td><td>设计实验+整理数据</td><td>启发式</td><td rowspan="2">利用启发式教学，教师将四个环节涉及的认知策略显性化</td></tr>
<tr><td>探究滑动摩擦力的影响因素</td><td>假设猜测+规划方案</td><td>启发式</td></tr>
<tr><td>探究相互作用力的关系</td><td>假设猜测+规划方案</td><td>探究式</td><td rowspan="3">利用探究式教学，使学生经历科学探究涉及的各子环节，锻炼学生在各子环节中解决问题的能力。其中，设计实验环节为培养的重点</td></tr>
<tr><td>探究力的合成规律</td><td>设计实验+整理数据</td><td>探究式</td></tr>
<tr><td>探究力与物体运动状态的关系</td><td>设计实验</td><td>探究式</td></tr>
<tr><td>探究加速度与力、质量的关系</td><td>完整的科学探究过程</td><td>探究式</td><td>完整经历科学探究过程，使学生将各环节知识串联</td></tr>
</table>

三、教学设计

教学设计须经历教学任务分析、教学重难点分析、教学方法的选择、教学过程的预设四个环节。

（一）教学任务分析

教学任务分析的关键在于通过目标分析学习过程和学习前提。华东师范大学皮连生教授指出，在进行课堂教学前，需要对学生须习得的知识、技能之间的联系和学习的前提条件进行分析，从而为后续的教学提供依据。

通过实验归纳途径完成教学任务的教学设计，其重点有二：第一，有序呈现学生习得学习结果的必要信息；第二，分析获得实验结论过程中的内在逻辑——相应的认知策略。

以“探究相互作用力的关系”为例设计实验环节。提供仪器：力传感器、装有对应分析软件的计算机。

遵循设计实验的通用策略进行分析：

(1)实验目的：探究相互作用力的关系。

(2)研究对象：两个力传感器。

(3)研究对象的过程和状态：两只力传感器平行互钩，静止状态下对拉、对压，运动状态下对拉、对压。

(4)待测物理量及测量原理：两只力传感器同一时刻的受力；计算机软件可将 F–t 图像显示在计算机上。

(5)测量物理量的仪器：力传感器。

以上教学任务分析，指出了获得结论必要的认知策略，也有序呈现了学生习得学习结果的必要信息，这些都是教学任务分析必须完成的工作。

(二)教学重难点分析

教学重点：学生经过本节课应习得的学习结果，包含知识目标、显性化的策略目标。

教学难点：达成目标过程中因学生未掌握方法、缺失必要技能而构成的难点，是探究式教学中设计工作单的重要依据。

(三)教学方法的选择

针对不同的目标，选择不同的教学方法。涉及的六个动力学实验案例，前两个案例采用启发式教学，后四个案例采用探究式教学。

(四)教学过程的预设

教学设计中的教学过程并非真实课堂的记录，而是对实际教学过程的预设。

如果在教学方法中选择的是启发式教学，则这一步的目的在于设计好引导学生思考如何解决问题的过程，尽可能多地激活学生思维。

如果在教学方法中选择的是探究式教学，则这一步的目的在于根据预设的教学难点，提前设计好工作单，帮助遇到问题的学生继续进行实验。

第三节　高中物理培养科学探究素养的教学设计案例

一、探究弹簧弹力与形变量的关系

（一）教学任务分析

本案例培养子环节为设计实验和整理数据。

1. 设计实验环节

提供仪器：铁架台、弹簧、钩码、刻度尺等。

使用方法：设计实验通用策略，如表5-2所示。

表5-2　“探究弹簧弹力与形变量”设计实验

实验目的	研究弹簧弹力与形变量的关系
研究对象	弹簧
研究对象状态	弹簧受力伸长
测量原理	弹簧弹力的测量：弹簧弹力根据实验所给仪器无法直接测量，可以选择转化法。当钩码处于静止状态时，弹簧弹力的大小等于钩码重力。弹簧形变量的测量：可通过刻度尺直接测量，先测得未悬挂钩码时的弹簧长度，再测得悬挂钩码时的弹簧长度，计算二者的差
选择测量各物理量的实验仪器	测弹簧弹力（钩码重力）：由于钩码的质量都有标度，故直接查找本地重力加速度即可，无须使用天平。测弹簧形变量：刻度尺
确定每次实验中的条件	同一根弹簧，通过增减砝码，改变受力，测量对应的形变量

确定实验仪器连接方式如图5-1所示。

图5-1 “探究弹簧弹力与形变量的关系”仪器连接方式

2. 数据处理环节

使用方法:图像法。

作弹簧弹力与形变量的函数图像(一条过原点的直线),并启发学生:如果因变量和自变量的图像关系是一条过原点的直线,因变量和自变量有怎样的关系?

通过演绎推理得出结论:弹簧弹力与形变量成正比。

教师此时须指出图像法的使用前提——探究物理量间的定量关系,并引导学生总结图像法的使用步骤。

(二)教学重难点

1. 教学重点

①设计实验的通用策略;转化法的使用条件。

②图像法的作用和使用方法。

2. 教学难点

①设计实验环节,学生不熟悉设计实验的通用策略,面对设计实验问题时,没有解决思路,无所适从。

②学生不熟悉转化法条件,面对需要使用转化法的问题情境时,没有意识到可以转化,同时也缺乏转化物理量的技能。

③整理数据环节,学生不熟悉图像法的使用条件,面对探究两物理量定量关系的情境时,没有意识到可以通过图像寻找定量关系。

(三)教学方法

采用启发式教学方法。在教师的引导下,学生经历设计实验和整理数据的过程,增加设计实验通用策略、转化法、图像法的使用经验。

(四)教学过程

表5-3 “探究弹簧弹力与形变量的关系”教学流程

教学活动	教学活动说明
师:同学们,这节课的目标是探究弹簧弹力与形变量的关系。请大家观察桌上的器材。桌上有哪些器材呢? 生:铁架台、弹簧、砝码、刻度尺。 师:实验的研究对象是什么? 生:弹簧、砝码。	明确实验目的,根据设计实验的通用策略,引导学生确定研究对象
师:那它们应该处于什么样的状态呢? 生:弹簧悬挂钩码,并保持静止。	引导学生确定研究对象的状态
师:我们需要测量哪些物理量呢? 生:弹簧弹力及伸长量。	确定实验的待测物理量
师:弹簧弹力可以测量吗? 生:桌上没有可以直接测量弹簧弹力的器材。 师:我们有办法解决这个问题吗? 生:可以使用转化法。砝码处于静止状态,说明它受力平衡。对它做受力分析,砝码只受重力和弹簧的弹力,所以砝码所受重力和弹簧弹力大小相等。 师:我们该怎么测量弹簧的伸长量呢? 生:刻度尺竖直悬挂,先读出不挂砝码时弹簧末端的刻度,再读出悬挂钩码时弹簧末端的刻度,两者的差值即为伸长量。	确定弹簧弹力的测量原理(这里使用了转化法,将测量弹簧弹力转化为测量砝码重力);确定弹簧伸长量的测量原理,进行基本的逻辑推导

续表

教学活动	教学活动说明
师：实验中需要多组数据，我们应该改变什么条件？ 生：改变悬挂钩码的个数。	引导学生确定实验中的变化条件
师：接下来，大家开始组装实验装置，进行实验，记录数据。	
师：大家观察记录好的数据，能直接看出弹簧弹力和形变量之间的关系吗？ 生：弹簧弹力随形变量的增大而增大。 师：这个是定性关系，能不能直接看出它们的定量关系呢？ 生：不能。 师：那我们应该选择怎样的方式进行数据整理呢？ 生：图像法。	引导学生选择合适的方法（图像法）进行数据处理
师：如何使用图像法？应该做怎样的图像？ 生：建立平面直角坐标系，x轴表示自变量——弹簧伸长量，y轴表示因变量——弹簧弹力，描点连线。 师：如果F和x的图像是一条过原点的直线，说明什么？ 生：说明F和x成正比。 师：如果图像是曲线，说明什么？下一步又该怎么办？ 生：说明F和x不成正比，那么F可能和x^2、x^3成正比，下一步可以作F-x^2图像，作进一步研究。	引导学生具体使用图像法
师：接下来，请大家开始数据整理，并得出结论。	

二、探究滑动摩擦力的影响因素

（一）教学任务分析

本案例培养子环节为假设猜测和规划方案。用到的方法有：共变法、控制变量法等。

1. 假设猜测环节

学生具有丰富的与摩擦力有关的生活经验，不难运用共变法进行猜测。

例1：书摞得越高越难推动，摞得越低越容易推动，所以滑动摩擦力的大小可能与压力有关。

例2：手机可以在光滑的桌面上滑行，但不能在毛巾上滑行，所以滑动摩擦力的大小可能与接触面材料有关。

例3：两本书如果完全夹在一起，会比较难以抽出来；如果夹着一点，就会比较好抽出来。所以滑动摩擦力的大小可能与接触面积有关。

2. 规划方案环节

本案例使用的是控制变量法。当研究对象存在多个影响因素时，常使用控制变量法探究物理量的关系。

（二）教学重难点

1. 教学重点

①假设猜测环节的内在逻辑——归纳法。

②控制变量法。

2. 教学难点

①假设猜测环节，学生未掌握归纳法，无法根据生活经验对结果进行有效猜测。

②规划方案环节，学生不熟悉控制变量法，面对存在多个影响因素的问题时，没有意识到可以用控制变量去分析。

（三）教学方法

采用启发式教学方法。在教师的引导下，学生经历假设猜测、规划方案的过程，增加归纳法、控制变量法的使用经验。

（四）教学过程

表5-4　“探究滑动摩擦力的影响因素”教学流程

教学活动	教学活动说明
师：今天，我们来探究滑动摩擦力的影响因素。首先，请同学们猜测一下，滑动摩擦力的大小可能与哪些因素有关呢？ 学生有序提出猜测，并附上依据，教师及时对学生的猜测作出点评，指出其所用方法。教学任务分析环节三个例子采用的均为共变法。	假设猜测环节，引导学生根据共变法（或其他合理方法）提出假设
师：在进行了假设猜测之后，我们发现滑动摩擦力的大小可能有多个影响因素，那么我们该使用什么方法规划实验方案呢？ 生：控制变量法。 师：如何控制变量？ 生：保证接触材料、接触面积一定，仅改变压力大小，测出对应的摩擦力……	规划方案环节，引导学生使用控制变量法解决问题

三、探究相互作用力的关系

（一）教学任务分析

本案例让学生经历假设猜测和规划方案的过程，重点研究相互作用力的大小关系。使用方法：共变法，求同法。

1.假设猜测环节

学生现实生活中有丰富的有关作用力和反作用力的案例，可利用归纳法进行猜测。

猜测1：两个弹簧对拉，一个弹簧伸长，另一个也伸长；两个弹簧对压，一个弹簧缩短，另一个也缩短。因此，相互作用力的大小可能相等。（共变法）

猜测2：同学A用拳头捶打同学B，同学B感到疼痛，而同学A没有感

觉。因此,相互作用力的大小可能不相等。(差异法)

假设猜测环节是根据生活中的经验及逻辑关系得出可能结果,无法严格控制变量,所以猜测不一定正确,内在逻辑正确即可。

2. 规划方案环节

相互作用力的大小可能相等,也可能不相等,需要经过多次实验,探究共同规律。使用求同法规划方案,如表5-5所示。

表5-5 “探究相互作用力的关系”规划方案

	A对B的力的大小	B对A的力的大小	两者的关系
1			
2			
……			

(二)教学重难点

1. 教学重点

①相互作用力的概念。

②归纳法。

2. 教学难点

①学生无法正确认识相互作用力。学生对相互作用力的概念认识模糊,导致实验无法进行。

②学生对归纳法的结构、逻辑不熟悉。假设猜测环节没有依据地乱猜,无法进行有效的假设猜测。

③学生对求同法规划方案不熟悉。学生接触最多的规划方案的方法是控制变量法,用其他方法规划方案时,无所适从。

(三)教学方法

采用探究式教学方法。学生经历假设猜测和规划方案环节,遇到问题时,教师通过工作单的方式对其进行指导,增强学生对归纳法的理解。

(四)教学过程

针对上述难点,采用课前准备工作单的方式突破解决。当学生没有思路时,提供对应的工作单,引导学生的实验思路。

工作单一:

①用手推墙时,手给了墙力的作用,手是否会受到墙的作用?

②“以卵击石”,卵给了石头力的作用,为什么卵会碎?

③手拉弹簧时,手给了弹簧力的作用,弹簧是否会给手力的作用?

④通过上述三个情景,可以得出什么结论呢?

工作单二:

①你认为作用力和反作用力的大小应该是怎样的关系?说明你的依据。

②高中常用的假设猜测的方法有求同法、差异法、共变法、逻辑演绎法、类比法等。你的假设猜测使用了哪种方法?

工作单三:

导致同一现象的不同情景中只有一个相同条件,那么我们就可以认为这个条件就是这个现象的产生原因,此即为求同法。

当学生不知道什么是相互作用力,或对其概念认知不清楚时,提供工作单一,帮助其认识;当学生进行假设猜测时,提供工作单二,帮助其合理、有逻辑地进行假设猜测;当学生面对规划方案没有思路时,提供工作单三,引导其做多组实验,找寻共同之处。

四、探究力的合成规律

(一)教学任务分析

本案例让学生经历设计实验和整理数据的过程。

1.设计实验环节

提供仪器:橡皮条、圆环、弹簧测力计、木板、白纸、图钉等。

使用方法:设计实验通用策略。

表5-6 “探究力的合成规律”设计实验

实验目的	探究力的合成规律
研究对象	圆环、弹簧测力计
研究对象状态	橡皮条和圆环连接，橡皮条另一端固定，通过两个弹簧测力计拉动圆环，使圆环静止于某一位置
测量原理	测量二力的大小和方向：大小直接测量即可，方向可用两点法确定 测量二力的合力大小和方向：无法直接测量合力，使用等效替代法，用一弹簧测力计将圆环拉至同一位置，说明效果相同
选择测量各物理量的实验仪器	力的大小：弹簧测力计 力的方向：用笔在白纸上描点，用二点法确定方向
确定每次实验中的条件	改变二力，改变圆环的位置，多测几组分力与合力

实验仪器连接方式如图5-2所示。

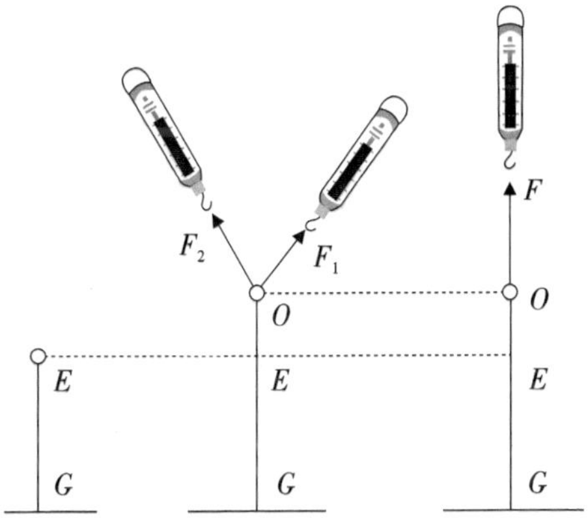

图5-2 实验仪器连接方式

测量二力的合力，使用了等效的思想。用一个弹簧测力计将圆环拉至相同位置，说明效果相同。

2.整理数据环节

由于要表示力的大小和方向，所以在作图时要使用力的图示法，即先确定力的方向，再规定合适的量度，以表示力的大小。作出多组分力与合力的图示，用求同法寻找其共同之处，获得结论。

（二）教学重难点

1. 教学重点

①设计实验通用策略。

②等效替代法。

③求同法。

2. 教学难点

①学生不熟悉设计实验通用策略。当教师要求学生进行实验设计时，学生无法有序进行设计工作。

②学生不熟悉等效替代法。在设计实验环节中测量合力的大小和方向时，不知道使用等效替代法或不知如何等效。

③学生不熟悉力的图示法。力的图示学生初中就接触过，但学生用得更多的还是力的示意图，当需要在白纸上表示力的大小和方向时，没有思路。

④学生不具备使用求同法获得结论的技能。整理数据环节，学生最熟悉的是列表法、图像法和逻辑演绎法。在本实验中，合力与分力不光有大小上的关系还有方向上的关系，所以无法通过列表法、图像法等整理数据，必须通过多组实验结果，以求同法得出结论。

（三）教学方法

采用探究式教学方法。学生经历设计实验和整理数据环节，遇到问题时，教师通过工作单的方式对其进行指导，培养学生对该环节认知策略的理解。

（四）教学过程

针对上述难点，采用课前准备工作单的方式突破解决，当学生没有思路时，提供对应的工作单，引导学生的实验思路。

工作单一：

①研究对象是什么？

②待测物理量是什么？

③测量原理是什么？

④每一个测量方案可选用的仪器是什么？列出使用的基本方式。

⑤上述仪器如何组合？

工作单二：

①合力与分力是什么关系？

②圆环受到几个力的作用？作出其受力分析图。

③用一个力拉圆环，让它保持静止，能否说明该力和互成角度的二力等效呢？

④若不能，达成怎样的效果才能说明该力与互成角度的二力等效？

工作单三：

①力的示意图能否表示力的大小和方向？

②有什么方法能把力的大小和方向都表示出来？

工作单四：

①导致同一现象的不同情景中只有一个相同条件，那么我们就可以认为这个条件就是这个现象的产生原因，此即为求同法。请思考这几组力的图示的相同之处。

②合力与分力的大小和方向都有关系，我们可以尝试把合力、分力的末端连接起来，观察它们在大小、方向上有什么共同规律。

③用虚线把合力与分力的箭头端连接起来，能观察到什么共同规律？

当学生面对设计实验任务无从下手时，可提供工作单一，引导学生思维；当学生无法寻找二力的合力时，可提供工作单二，让学生分析合力与分力的关系，并在实验中获得合力；当学生无法处理数据，或者不知道如何表示力的大小和方向时，可提供工作单三，引导学生回忆初中所学的“力的图示”相关知识；当学生得到力的图示，面对复杂的图像无从下手时，可提供工作单四①，引导学生观察对比多组图示，找寻共同点；当学生开始寻找共同点，但是由于作图不规范没有思路，并未找到共同点时，提供工作单四

②，提示学生规范作图；当学生无法获得共同点时，提供工作单四③，提示学生共同点，由学生得出最终结论。

五、探究力与物体运动状态的关系

（一）教学任务分析

本案例让学生经历设计实验的过程。用到的方法有：设计实验通用策略，转化法。

提供仪器：气泵、气垫导轨、滑块、遮光条、光电门、数字计时器、刻度尺等。

使用方法：设计实验通用策略。

表5-7　“探究力与物体运动状态的关系”设计实验

实验目的	探究力与物体运动状态的关系
研究对象	滑块
研究对象状态	轻推滑块，使滑块在导轨上滑行
测量原理	测量滑块通过光电门的速度： 方法一（直接测量）：$v=d/\Delta t$，d为遮光条的宽度，Δt为遮光时间 方法二（间接测量）：由于通过两光电门时，遮光条的宽度是一致的，可以得到v与Δt成反比，测得遮光时间，再计算得到$1/\Delta t$，即可代表速度的大小
选择测量各物理量的实验仪器	遮光条的宽度：刻度尺 遮光时间：光电门连接的数字计时器
确定每次实验中的条件	改变滑块推出的初速度

实验仪器连接方式如图5-3所示。

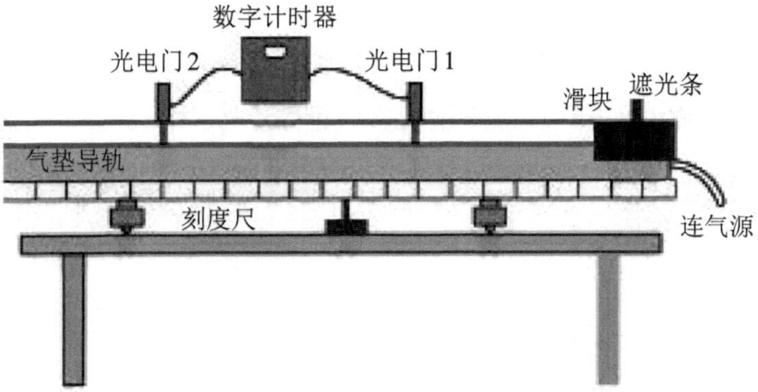

图5-3 “探究力与物体运动状态的关系”仪器连接方式

瞬时速度无法直接测量，在运动时间极短的情况下，可将平均速度近似看作瞬时速度，这一方法的本质为转化法。

（二）教学重难点

1. 教学重点

①设计实验通用策略。

②转化法。

2. 教学难点

①学生不熟悉设计实验通用策略。当教师要求进行实验设计时，学生无法有序进行设计工作。

②学生不熟悉气垫导轨的特点、光电门的工作原理。在设计实验环节中，由于缺乏知识基础，导致设计过程无法进行。

③学生不熟悉转化法的使用。面对瞬时速度的测量，无法将其转化为易测物理量，或没有转化的意识。

（三）教学方法

采用探究式教学方法。学生经历设计实验环节，遇到问题时，教师通过工作单的方式对其进行指导，加强学生对设计实验通用策略、转化法的理解。

(四)教学过程

针对上述难点,采用课前准备工作单的方式突破解决,当学生没有思路时,提供对应的工作单,引导学生的实验思路。

工作单一:

①研究对象是什么?

②待测物理量是什么?

③测量原理是什么?

④每一个测量方案可选用的仪器是什么?列出使用的基本方式。

⑤上述仪器如何组合?

工作单二:

①气垫导轨装置有什么特点?

②气垫导轨如何调节水平?

③气垫导轨与什么连接?

④光电门与什么连接?

⑤数字计时器显示的是什么时间?

工作单三:

①如何通过打点计时器和纸带测量瞬时速度?

②可以用类似的方法测量通过光电门的瞬时速度吗?

第六章　核心素养视角下的高中物理科学态度与责任教学

第一节　物理学科中的科学态度与责任

“科学态度与责任”揭示了物理学习更高层次的价值追求，为了明确其内涵，结合2017年版物理课程标准和廖伯琴教授对该课程标准的解读，从科学本质、科学态度、社会责任以及物理学科中的科学态度与责任这四个方面分别进行界定。

一、科学本质

科学教育要反映科学的本质，物理学是基础科学之一，因此物理教育也要反映科学本质。人们对科学本质教育的开展与研究已有几十年的历史。科学本质在科学课程中发生由“隐性”走向“显性”的变化，对科学本质的研究，已不仅仅是哲学家和教育学家研究探讨的问题，更是科学教师必须学习、探讨的内容，也是学生在学习过程中必须思考、理解和掌握的内容。人们认为，正确地认知科学本质，可以帮助学生理解科学，加强科学决策能力，促进对科学知识的学习。

科学本质教育对提升学生的物理核心素养有着重要意义。随着研究的深入，目前已取得了比较一致的观点。比如，Lederman对科学本质教育的理解可以概括为：学生应该知道科学知识建构以观察和经验为基础，要求学生有想象和创造力，通过对经验事实的检验，意识到再多的证据也不能将理论变成定律，明确科学知识不是绝对真理，有一定的条件限制，会受到社会、文化的影响，所以在未来可能会改变。Osborne等对学校理科课程应该包含科学本质的哪些方面进行调查，提出了九个主题。总的来说，可以归纳为科学知识、科学方法和社会实践这三个方面。

综上所述，科学本质教育是认知层面的教学目标，是学生在一定的科学情境中，通过直接或者间接的科学体验，加深对科学本质的全面认识，建构科学本质观的过程。学生对科学知识、科学探究和科学本质认识上存在的问题会影响学生科学态度与责任的养成，进而影响他们科学素养的整体提升。

二、科学态度

对于科学态度的研究最早开始于20世纪60年代，将其归为科学思维的研究领域，认为情绪是科学态度的一种体现。通过对科学态度的深入研究，科学态度的内容变得更加丰富。在Gardner对科学态度进行分类之前，虽然已经有许多学者对科学态度进行了大量研究，但对科学态度的具体界定并没有形成统一的认识。Gardner将科学态度分成科学的态度与对科学的态度两类。二者是有一定区别的，科学的态度是在面对人、事或者问题时做出的积极的心理反应，而对科学的态度是人们面对与科学相关的活动或者事物时所表达出的积极抑或消极的情感。当然，我们更倾向于对学生科学的态度的研究，因为这比较符合科学教育的要求，而且对学生学习科学课程有着重要作用。目前，科学教育比较重视对学生科学思维的建构和能力的培养，倘若对科学有积极的态度，就会促进学生对科学课程的学习。

1985年，美国促进科学协会颁布的“2061计划”中，提倡对儿童进行科学教育，促进儿童科学态度的培养，其中包括好奇心、尊重经验、批判性思维、灵活性和对变化世界的敏感性等。

通过对相关研究进行归纳，发现科学态度可细化为三种成分：①人们对于研究科学或者相关活动所表现出的情感成分，如热爱或者憎恶；②人们对自然界和科学研究原有的认知成分，如个体在面对科学事物时，会有某些感官上的知觉，或有一定的想法等；③个体对与科学相关的实验、知识或者生活事例所做出的反应，持什么样的态度等。

三、社会责任

一个人或者组织必须对自己作为行为人或者社会团体所做的事情承担相应的责任。责任对个体的约束与个体对责任的认知有关，责任意识的形成会影响人们的行动，督促人的进步和发展。最初，社会责任主要是指一个组织对社会履行的责任，包含环境保护和安全生产等方面。现在，社会责任主要是人们在实际的社会活动中逐渐形成的，集中体现在人们的价值观、世界观等方面。学生在个体发展过程中应该承担社会责任，成为一个有责任意识的人，对自己和他人都负责，主动承担自己的行为导致的结果。

2016年教育部发布的《中国学生发展核心素养》中对社会责任的内容做了明确的规定，概括为学生应对自己和他人负责，与人相处时诚信友善、宽和待人，具有团队意识和法治意识，在生活中积极参与公益活动、热爱自然，养成绿色生活方式，等等。

在物理教学过程中进行社会责任教育时，教师应加深学生对人与自然、人与社会关系的认识，利用与物理有关的社会热点问题，引导学生体会物理知识的教育价值和社会价值，培养学生的社会责任感。教师也可以将物理与生活联系起来，激励学生参与社会实践活动，实现“从生活走向物理，从物理走向社会”，提高学生应用物理知识的能力，提高学生的学习兴趣和求知欲望。

四、物理学科中的科学态度与责任

“科学态度与责任”是2017年版课程标准提出的物理学科核心素养之一，其内涵大致可以归纳为两个方面：一方面，学生能对科学本质有清晰的认知，在明确科学、技术、社会以及环境关系的基础上，发自内心地产生对自然奥秘探索的学习动机，秉承实事求是的科学态度进行科学探究，敢于追求真理，不迷信权威。另一方面，帮助学生形成科学的世界观和正确的价值观，同时，践行可持续发展的教育理念，培养学生节约资源、爱护环境的责任意识。

在物理教学中，应结合科学态度与责任的内涵、课程标准、课程内容以及学业要求等，归纳出影响学生科学态度与责任素养发展的因素，提出有效的培养策略。可细化为：落实课改理念，做好榜样示范；深化物理学史，理解科学本质；通过科学实践，形成科学态度；联系社会生活，培养责任意识。通过这些策略有针对性地解决当前高中物理教学中培养学生的科学态度与责任面临的问题，提高学生的综合素养。

第二节　高中物理科学态度与责任的培养策略

一、落实课改理念，做好榜样示范

新课改明确提出，教师要选择促进学生终生发展必备的基础知识作为教学的重要内容，尽力打造可以将物理知识与学生的实际生活、社会发展相联系的课堂情境，让学生觉得学习物理知识对自身或者国家的发展是有用的，以此来增强学生的社会责任感。

进行科学态度与责任教育时，教师的榜样示范可以起到事半功倍的作用。教师需要做到以下几点：

首先，提升自身的核心素养。教师要对科学态度与责任教育有正确的认识。在实际的教学过程中，要明确科学态度与责任教育的教学目标，采取有效的措施或者教学手段，有意识地渗透科学态度与责任教育，在注重物理知识传授的同时，深入挖掘科学知识的教育价值和社会价值。

其次，改变传统教育观念。由于我国传统教育的约束和应试选拔考试制度的影响，很多教师在教学时重视学生对知识的掌握，关注学生的考试成绩，注重学校的升学率，认为分数是最重要的。因此，要改变传统教育观念，明确分数不是教育的全部内容，更不是教育的根本目标，好的教育是为了培养全面发展的人。教师要加强与学生的沟通，树立和谐的师生关系，教学时尽可能列举与学生生活贴近的教学案例，紧密联系社会热点问题，激发学生的学习兴趣，鼓励学生积极进行讨论交流，提高学生理论联系实际的能力。

最后，树立终身学习的理念。教师需要不断完善自己的认知结构，丰富自身的知识建构，积极参与学校组织的培训活动或者与教育有关的会议，提高教育教学能力，树立终身学习的思想，养成严谨求实的科学态度。例如，教师要认真对待教学中的每一过程。课前要认真备课，深入挖掘教学资源；教学过程中，要以身作则，对于物理规律的讲述要有依据，重视对物理规律的探究过程，不能模棱两可地进行知识灌输；物理实验探究时，要依据科学实验的探究步骤逐步进行，引导学生形成科学的思维方式，养成实事求是、敢于追求真理的科学态度。

二、深化物理学史，理解科学本质

物理学史集中体现了人类探索和逐步认识物理世界的现象、特性、规律和本质的历程，揭示了物理学思想发展和演进的历史。物理学史常常体现了人们对于某一现象或事物从感性到理性的认识过程，在帮助学生理解知识来龙去脉的同时，还能够进行科学方法教育，让学生理解科学探究的过程和科学研究方法的多样性。同时，让学生感受到科学思想会受当时社会和历史背景的影响，科学发展会推动技术进步，从而影响人们的生活。

物理学史的教育功能主要是使学生了解科学的本质。将科学研究放在社会历史研究背景下，不仅展示科学家们的研究成果，也展示了科学家们经历过的失败，让学生更直观地了解真实的科学，这样可以激发学生的学习热情，对学生进行科学本质教育。物理学史中某一概念或规律的产生、发展、确认和应用，某一科学实验课题方案的巧妙设计、研究的意义与价值，以及科学家关于某一现象的不同观点及其论争过程等，不仅体现了科学研究的过程，也体现了在这一过程中科学、技术、社会的相互关系，体现了科学共同体的作用。因此，通过对某一学科内容研究背景、研究过程、研究意义等的深度剖析，能构建出其中可能蕴含的科学本质教育内容。

基于物理学史进行科学本质教育，首先，教师需要研究教材，确定课题，选择教学内容进行科学本质教育；其次，教师需要查阅、收集和整理与该内容相关的物理学史资料，通过深入分析，挖掘其中蕴含的科学本质内容；最后，教师需要结合课程标准要求和学生发展的特点，对科学本质教育内容进行建构。与此同时，也可以实现对科学本质的目标、内容、材料和教学策略等的开发和设计，使科学本质教育具有明确的教学目标和清晰的实施路径，有效促进科学本质教育的进一步落实。基于物理学史进行科学本质教育的基本路径如图6-1所示。

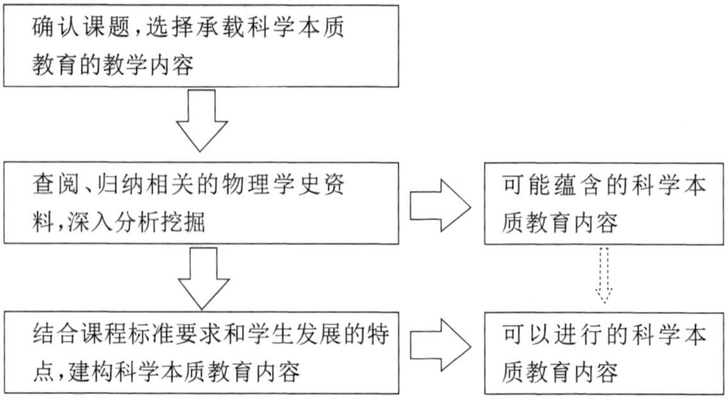

图6-1　基于物理学史进行科学本质教育的基本路径

三、通过科学实践，形成科学态度

物理学作为实践的科学，是实践和学习的结合。科学实践不仅是为了学习知识，更是为了进行真正的科学探究，深化科学的实质，学会用科学知识来解释客观事物。利用科学实践进行教学，可以提高学生的学习兴趣，使学生主动参与到实践活动中，充分发挥学生的主体作用。学生在探究过程中能够体会和感受科学家在探究问题时的研究思路和实验历程，学习科学家对待科学知识的科学态度，加深对知识的理解与掌握。通过科学探究，学生学会用所学的知识来解释有关的自然现象，使学到的科学知识具有实际的意义，促进学生对科学本质的理解，使学生养成对待科学的积极态度。

教师在进行科学实践教学时，应以物理实验为载体，通过改进物理实验教学模式，完善物理实验教学策略，引导学生主动体验探究过程，激发学生的创新意识，促进学生科学素养的培养。目前，高中物理课堂中的探究活动仍然是基于教师的讲授，学生机械地进行实验步骤的操作，学生的技能和知识并不是同时发展的。固定的探究形式导致学生对科学探究产生误解，认为科学探究只有一种方式。学生没有进行真正的科学探究活动，没有体会到科学探究的实际意义，久而久之，就不愿意主动参与到探究活动中。我们要改变目前探究程序化的物理实验教学模式，提高学生的科学素养。结合美国《新一代科学教育标准》的要求和科学探究的七个要素，将科学实践的八种学习方式应用到教学中，对教学过程的具体流程进行设计，归纳为五个步骤，如图6-2所示。

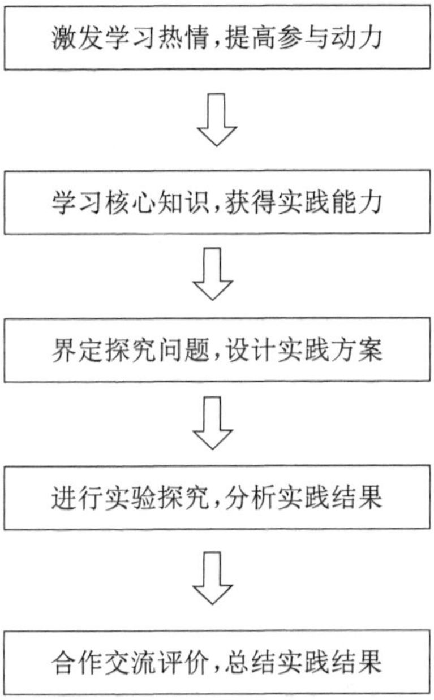

图6-2　基于科学实践培养科学态度的流程图

第一步，激发学习热情，提高参与动力。科学实践是学习者主动进行的科学活动，激发学生探究兴趣和学习热情对实践活动的进行起着重要作用。教学时，教师可以利用生活事例或者实验演示，激发学习者的探究兴趣，提高其参与实践的动力。比如，教学时尽可能列举贴近学生日常生活、紧密联系科技发展热点的例子，让学生产生共鸣，提高学生主动参与教学活动的积极性。

第二步，学习核心知识，获得实践能力。科学实践必须以知识为基础，有效地培养学生解决问题的能力，让学生学会在实践中运用知识。科学实践的过程不是没有准备的、无知的、无方向的实践，需要以丰富的知识储备和科学的实践能力为基础，是理论和实践相契合的过程。

第三步，界定探究问题，设计实践方案。在进行科学实践之前，学生必须对自己所要解决的实践问题进行界定，知道自己在实践过程中要解决什么问题，有针对性地对要解决的问题进行实践过程的设计，撰写具体且可行的实践方案，合理安排实验的顺序和步骤。教师在这个过程中可以提出适当的建议。

第四步，进行实验探究，分析实践结果。进行实验探究时，鼓励学生进行小组合作，每个人都积极参与活动，各自完成自己的任务。实验中遇到不合理的实验环节时，应及时探讨并进行调整，仔细观察实践过程中出现的现象和数据的变化。教师不能代替学生进行实验，可在一旁观察学生的实践活动，在学生遇到问题时予以指导，和学生一起对实践过程中所观察到的现象和获得的数据进行深入分析，帮助学生解决遇到的问题。

第五步，合作交流评价，总结实践结果。教学与学生对实践报告进行交流讨论，从多个角度进行分析，共同给予评价和建议。学生进行小组讨论时，要有理有据，敢于阐述自己的观点和看法，这样可以提高学生的交流能力。

四、联系社会生活，培养责任意识

在物理教学过程中开展社会责任教育时，教师可以给学生介绍与教学内容相关的物理知识，比如介绍相关的物理学科发展前沿知识、与生活联系紧密的物理知识、与环境保护和可持续理念相关的知识等，培养学生的科学态度与责任素养。

教师可以在教学时培养学生的安全意识和法律意识。例如，在讲述力学知识时，向学生讲述行车时必须系安全带、严禁超速、限速及安全距离中蕴含的物理学知识,引发学生思考,让学生增强安全意识,对自己和他人负责。在讲述重力势能时,提出生活中的高空抛物现象,激发学生思维,鼓励学生分享自己在生活中的相关经历,告知学生其中包含的法律法规,帮助学生形成法律意识和责任意识。教师也可在教学中培养学生的环保意识和可持续发展的意识。例如,在讲述核能的利用时,给学生展示核电站泄漏的相关资料,让学生直观地感受其对环境造成的影响和产生的危害,以此增强学生的责任感。在讲述能源和可持续发展知识时,指出节约能源的原因,让学生树立节能意识和可持续发展意识,保护和充分利用资源。

第三节　高中物理培养科学态度与责任素养的教学设计案例

教学案例——划时代的发现。此案例采用的教学策略为深化物理学史,理解科学本质。

一、教学分析

本节内容选自人教版高中物理选修3-2第四章第一节。通过向学生普及有关电磁感应现象的物理学史,让学生体会科学家们探究电磁感应现象的艰难历程。利用教材中设置的“科学足迹”栏目介绍奥斯特、法拉第等人的研究失败案例,从科学本质的角度对电磁感应现象的发现过程进行反思,感受科学探究的真正魅力,体现科学家的社会责任感,指出科学成就与经济发展和社会进步之间的关系。介绍法拉第生活的时代背景以及他对探究自然现象、自然规律的坚定信念,阐述法拉第艰苦的探索历程,使学生认识到科学研究的艰辛。

初中阶段学生已经学习了电磁感应现象、感应电流等基本概念,对于电流的磁效应和电磁感应现象能够进行简单描述和区分,但对磁生电的探究背景和探索过程的了解不够充分。在高中物理教学中,可以给学生展示相关物理学史内容,使学生经历科学家们面对该问题的探究过程,激励学生学习科学家们的优良品格，更加全面地认识电磁感应现象，同时全面且深入地渗透科学态度与责任教育。

二、教学目标、教学重难点以及教学方法

（一）教学目标

1. 物理观念

知道奥斯特实验以及电磁感应现象；了解电生磁和磁生电的发现过程；知道电磁感应和感应电流的定义。

2. 科学思维

通过阅读，使学生掌握自然现象之间是相互联系和相互转化的；运用“对称”思维，让学生从对称性的角度思考电与磁之间的联系，提出新的探究问题，借此提高学生的科学思维能力。

3. 科学探究

利用科学家们在探究时取得成功或研究失败的经历，强调科学探究的实验方法对于研究的重要性以及科学研究失败的价值。

4. 科学态度与责任

通过物理学史帮助学生领悟电磁感应定律的发现在物理学发展和社会进步方面的划时代意义，激发学生的学习热情，为后面的学习奠定基础；形成将物理知识应用于生活和实践的意识，乐于探索与日常生活有关的物理问题。

（二）教学重难点

了解有关电流磁效应和电磁感应现象发现的探究历程；掌握科学探究的方法，领悟科学家探索过程中的艰辛。

（三）教学方法

讲授法、问题探究法、讨论法等。

三、教学过程

从生活场景引入新课，激发学生的学习兴趣。通过问题引导学生想象，体会发现电磁感应现象的划时代意义。

（一）创设情境，引入新课

教师展示生活中的用电场景，并提问：如果没有电，我们的生活会发生哪些变化呢？对我们来说，电非常重要，那么电是从哪里来的呢？教师通过展示发电厂的图片，介绍发电机是在法拉第发现电磁感应的基础上发明的。法拉第是如何发现电磁感应现象的呢？在这个过程中，他又经历了怎样的艰难险阻呢？这节课就让我们重走科学之旅，和科学家们一起品尝其中的酸甜苦辣。

学生活动：学生观察图片，体会电给我们的生活带来的便利。

（二）重走历史，新课教学

1.奥斯特梦圆“电生磁”

教师演示奥斯特发现电流磁效应的实验。

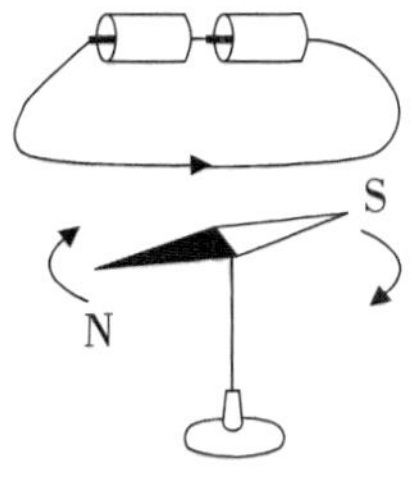

图6-3　奥斯特发现电流磁效应的演示实验

教师提问：这个实验说明了什么？是哪位科学家做的？

学生活动：学生回忆旧知识，回答问题。

教师利用图片展示自然界和生活中的对称美，启发学生思考。正是这种对称之美，激励着物理学家寻求电和磁的统一对称。

提出问题：如果你是奥斯特时代的科学家，在得知奥斯特发现电能生磁后，你会提出什么新的问题作为你的研究方向呢？

教师介绍,当时很多的科学家猜想磁能生电。

2.法拉第心系“磁生电”

教师提问:怎样设计实验来证明磁能够产生电呢?

教师指出:法拉第的研究历程并不简单。他做了大量实验但都失败了,失败原因是什么?

学生活动:学生在教师的启发下提出问题——磁能生电吗?

教师展示法拉第在1822-1825年做的三个实验:试图通过磁体对电流的作用来发现磁生电。

设计意图:拉近学生与科学家之间的距离,客观公正地认识法拉第。

实验一:将两根直导线并列放置,分别连接电池的两极和电流计的两端。

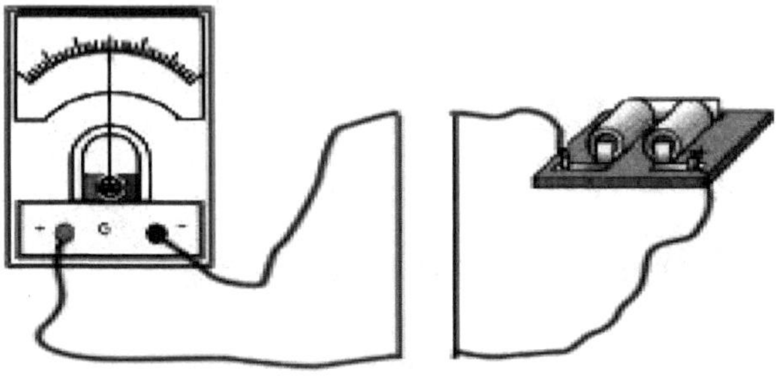

图6-4　实验一图

实验二:先将空心螺线管的两端连接电池的两极,然后把一根直导线置于空心螺线管中,最后将其与电流计进行连接。

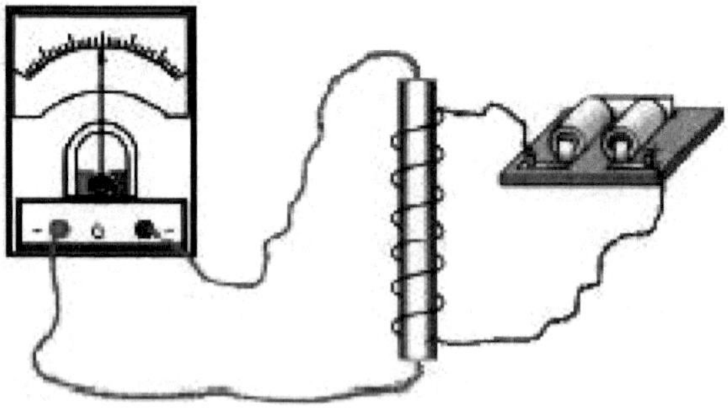

图6-5　实验二图

实验三:把通电直导线放在不通电的空心螺线管内部。

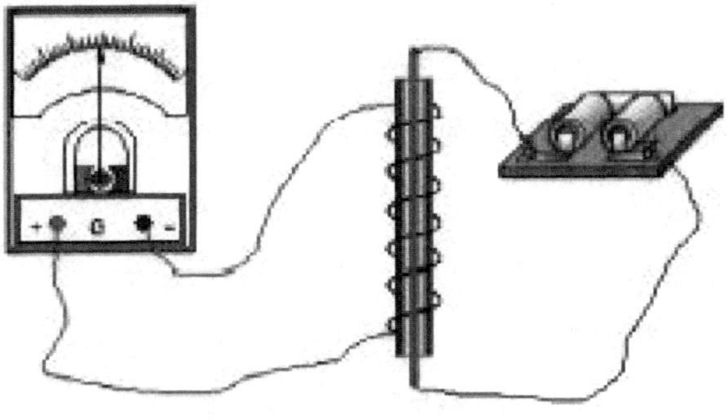

图6-6 实验三图

设计意图:让学生了解有关电磁感应的发展史。通过演示实验,培养学生的观察能力,经历法拉第初始思想的形成过程,分析失败原因,总结经验教训,提高学生分析问题与解决问题的能力,使学生形成研究问题的科学态度。

教师引导学生思考:实验失败的原因可能有哪些?我们该如何改进实验呢?

教师展示法拉第在1828年4月22日做的实验:为了提高测试的灵敏度,法拉第做了巧妙设计。

实验四:用悬丝拴住绝缘棒中部,使其水平不动地悬挂着,然后把铜质闭合线圈固定在绝缘棒的一端,另一端则固定重物进行配重,令装置平衡。进行实验时,将条形强磁铁放在铜制的闭合线圈内。法拉第认为,如果磁铁对线圈起到作用,就会有感应电流产生,此刻倘若将另外一个磁铁靠近线圈,线圈就会在水平面转动。

学生分析实验失败的可能原因:电源产生的电流不够大;电流产生的磁性不够强;电流表不够灵敏。

教师引导学生类比库仑的扭秤实验,说明这种方法巧妙地解决了电流表不够灵敏的问题。

教师提问:这些实验都没有成功。它们在实验设计上有什么共同特征？为什么会有这样的特征？

教师引导学生发现：受奥斯特实验设计思想的影响，既然恒定电流能够产生磁场，通过类比，恒定的磁场应该也能产生电流，这也是上述实验的共同特征。当时的很多科学家关于磁生电的研究都受到定势思维的影响，从而导致实验都失败了。

教师介绍并演示1831年法拉第设计的实验。法拉第终于克服思维定式的影响，他发现，开关断开和闭合的时候，小磁针会发生偏转。

学生活动：科学家的研究往往是从已有的经验、知识和方法入手探索新知，这种思考方式是有益的，但是同时也会带来局限性，容易形成思维定式。

实验五：两个彼此绝缘的线圈A和B分别绕在软铁环的两端。线圈A与电源一起连接到开关上。用导线连接线圈B的两端，形成闭合回路。在导线的下面平行放置一个小磁针（相距0.9 m）。

法拉第在该实验之后又做了许多实验，最后把引起电流的原因归纳5种。

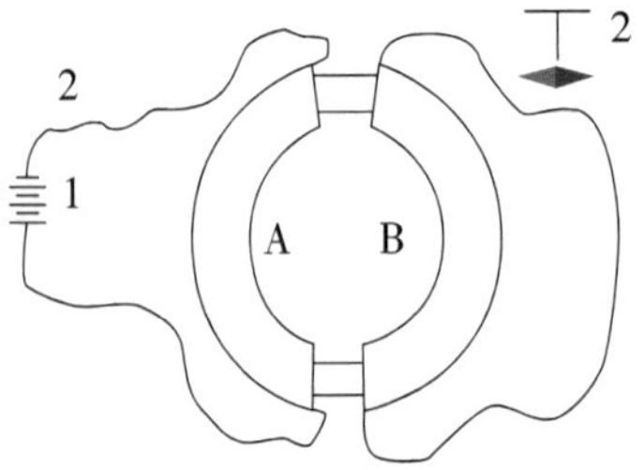

图6–7　实验五图

教师总结：法拉第最终通过科学探究，揭示了磁和电之间的联系，发现通过磁场产生感应电流的电磁感应现象，在推动科技发展的同时，促进了社会进步。

电磁感应现象的发现不仅让人们对电和磁之间的内在联系有了更深刻的认识，也宣告了电磁学的诞生。在推动电磁学发展的同时，将人们从蒸汽时代带入电气时代，为人们的生产和生活带来很多的便利。

(三)课堂小结

利用物理学史进行探究教学,通过引导学生自主探究,使学生在学会物理知识的同时建构科学的思维方式。让学生知道科学家们在进行科学研究时也会受到其所处的社会、文化等因素的影响,他们也会经历研究失败。因此,科学要想获得突破或者有新的发现,就要勇于质疑和敢于创新,突破旧观念的束缚。让学生认识到科学和技术之间的关系,二者不断地发生相互作用。

参考文献

[1]寇祥亮.现代物理教学与反思[M].成都:电子科技大学出版社,2016.

[2]刘童童,郑海荣.优化物理教学培养核心素养[J].中学物理(高中版),2018,36(3):36-38.

[3]刘晓彤.基于物理核心素养的高中物理教学设计研究[D].辽宁:辽宁师范大学,2018.

[4]卢尚建.高中物理课堂有效教学研究[M].兰州:甘肃教育出版社,2013.

[5]陆永华.基于物理学科素养的高中物理电磁感应教学研究[D].江苏:苏州大学,2016.

[6]罗莹.物理核心素养研究:物理知识与物理观念[J].物理教师,2018,39(6):2-6.

[7]庞茜.基于核心素养培养下高中物理教学实践研究[D].四川:四川师范大学,2017.

[8]宋宁.基于人本主义的高中物理教学模式研究[D].重庆:重庆师范大学,2011.

[9]孙清璞.基于班级差异的高中物理分层教学实践研究[D].内蒙古:内蒙古师范大学,2012.

[10]谭孝君,王影,齐丽新,梅玉明.物理教学模式与视角创新[M].长春:吉林人民出版社,2017.

[11]陶昌宏.高中物理教学理论与实践[M].北京:北京师范大学出版社,

2008.

[12]王江明.学科核心素养对高一学生物理观念转变的影响[D].黑龙江：哈尔滨师范大学,2017.

[13]王永菊.基于最近发展区理论的高中物理有效性教学研究[J].成才之路,2018,(2):84.

[14]王子顺.浅谈高中物理演示实验教学[J].考试周刊,2019,(38):181.

[15]邬云文.中学物理教学理论与方法[M].北京：北京邮电大学出版社,2017.

[16]吴红耘.皮连生.任务分析与教师的教学技能成长[J].心理科学,2004.27(1):66-68.

[17]谢世雄.物理文化与教育[M].北京：科学出版社,2009.

[18]邢红军.中学物理教师专业发展丛书高中原始物理问题教学研究[M].北京：科学普及出版社,2016.

[19]胥平儿.高中物理自主学习的理论分析及模式研究[J].学周刊,2021(21):47-48.

[20]徐成华.高中物理教学研究[M].上海：上海社会科学院出版社,2017.

[21]杨春辉.在高中物理教学中构建自主学习模式的策略研究[J].天天爱科学(教育前沿),2021(11):115-116.

[22]杨小用.高中物理电学实验教学方法的创新策略探究[J].高中生学习,2018(11):222-222.

[23]姚跃涌.高中物理概念教学方法策略与案例研究[M].广州：广东高等教育出版社,2016.

[24]于漪.涌动生命的课堂[M].太原：山西人民出版社,2011.

[25]余文森.有效教学十讲[M].上海：华东师范大学出版社,2009.

[26]余友煌.落实物理学科核心素养的高效高中物理课堂实践[J].考试周

刊,2019(34):171.

[27]袁令民,王俊民,帅晓红.核心素养导向的课堂教学重构丛书核心素养导向的高中物理课堂教学重构[M].北京:高等教育出版社,2022.

[28]张艳香,韩艳华.提升物理教师教学设计能力的策略研究[J].吉林省教育学院学报,2020,36(09):18-21.

图书在版编目（CIP）数据

核心素养视角下的高中物理教学研究 / 高财远著
. -- 湘潭 : 湘潭大学出版社, 2023.10
ISBN 978-7-5687-1206-4

Ⅰ. ①核… Ⅱ. ①高… Ⅲ. ①中学物理课－教学研究
－高中 Ⅳ. ①G633.72

中国国家版本馆 CIP 数据核字 (2023) 第 158107 号

核心素养视角下的高中物理教学研究

HEXIN SUYANG SHIJIAO XIA DE GAOZHONG WULI JIAOXUE YANJIU

高财远 著

责任编辑：罗　联
封面设计：张珊珊
出版发行：湘潭大学出版社
社　　址：湖南省湘潭大学工程训练大楼
电　　话：0731-58298960 0731-58298966（传真）
邮　　编：411105
网　　址：http://press.xtu.edu.cn/
印　　刷：长沙创峰印务有限公司
经　　销：湖南省新华书店
开　　本：710 mm×1000 mm 1/16
印　　张：10.25
字　　数：200 千字
版　　次：2023 年 10 月第 1 版
印　　次：2023 年 10 月第 1 次印刷
书　　号：ISBN 978-7-5687-1206-4
定　　价：68.00 元